A FILOSOFIA
DOS VALORES

JEAN-PAUL RESWEBER

A FILOSOFIA DOS VALORES

TRADUÇÃO E NOTA DE APRESENTAÇÃO
MARINA RAMOS THEMUDO
PROFESSORA DA UNIVERSIDADE DE COIMBRA

ALMEDINA

AUTOR
JEAN-PAUL RESWEBER

TÍTULO ORIGINAL
LA PHILOSOPHIE DES VALEURS

TRADUÇÃO E NOTA DE APRESENTAÇÃO
MARINA RAMOS THEMUDO

COORDENADORA DE COLECÇÃO
SARA DE CARVALHO

EDITOR
LIVRARIA ALMEDINA
www.almedina.net
editora@almedina.net

DESENHO GRÁFICO
FBA. FERRAND, BICKER & ASSOCIADOS
info@fba.pt

EXECUÇÃO GRÁFICA
G. C. - GRÁFICA DE COIMBRA, LDA.
producao@graficadecoimbra.pt

ISBN
972-40-1817-2

DEPÓSITO LEGAL:
188442/02

DATA
NOVEMBRO, 2002

© 1992, Presses Universitaires de France

Os direitos desta edição são exclusivamente reservados
à Almedina, Joaquim Machado, Lda.
Arco de Almedina, 15
3004-509 Coimbra
Tel +351 239 851 900
Fax +351 239 851 901

NOTA DE APRESENTAÇÃO

Com esta tradução pretende-se, apenas, colocar à disposição do leitor, em língua portuguesa, um dos estudos mais completos e profundos sobre a noção de "valor", de entre os que apareceram na última década.

Concorde-se ou não com as propostas do seu autor, somos, todavia, obrigados a reconhecer o carácter abrangente da abordagem realizada, pela multiplicidade tópica das perspectivas em que se desenvolve. Partindo do pressuposto de base, que: "Sob o aspecto duma hermenêutica cultural, é toda a filosofia que é esta filosofia dos valores, possibilitada pela própria história da filosofia", Jean-Paul Resweber desdobra-o, numa explicitação que, passando pelas referências históricas, não se furta à análise semântica, à descrição fenomenológica, à crítica e à crítica da crítica...

Senhor de uma notável erudição filosófica e não só, o autor conduz a sua reflexão duma forma breve, mas acutilante, atravessando diversos territórios do saber, sempre com mestria e segurança, o que confere ao seu texto a qualidade do que é actual, importante e incontornável.

É, nesta justa medida, que o mesmo se impõe como um belíssimo desafio para o leitor, que interroga, procura e investiga.

O convite a revisitar a noção de "valor" é a oportunidade oferecida ao reencontro e à reinvenção do sentido duma espiritualidade, dita ocidental, num tempo de globalização, mas também de profundas e inquietantes preocupações identitárias.

Albergaria-a-Velha, 16 de Setembro de 2002

MARINA RAMOS THEMUDO

INTRODUÇÃO

A filosofia dos valores caracteriza, em princípio, uma corrente de pensamento, que nasce na primeira metade do século XX, num ambiente de polémica, onde se confrontam os filósofos da desconstrução, tais como Nietzsche, Freud e Marx e os filósofos da renovação, como M. Scheler, E. Mounier, E. Dupréel, L. Lavelle e R. Le Senne. Os primeiros denunciam a mascarada ideológica da ideia de valor, que remete para o modelo dos ideais platónicos. Os segundos propõem-se reinterpretar este discurso tradicional, a partir duma reflexão sobre as exigências da relação humana, da práxis e do compromisso. Este debate permitirá duas abordagens principais. Uma, epistemológica, refere-se à nova significação com que o termo valor se "creditou". Este último encontra-se, efectivamente, reinterpretado, quer à luz de uma problemática linguística, que opõe os juízos de facto aos juízos de valor, quer à luz duma problemática económica, onde se confrontam as teorias marxistas e as maximalistas da produção e da troca. Deste modo, os ideais platónicos foram destronados, para se situarem no tecido da linguagem, da história e da comunicação. A segunda abordagem é de ordem ética. Porque, se o céu das ideias inspirou durante séculos a elaboração duma moral universal, é impossível, doravante, que continue a oferecer as referências necessárias à constituição duma ética da vida.

A filosofia dos valores delimita, na verdade, um aspecto particular de reflexão, mas define, antes de mais, como Husserl demonstrou, em *La crise de l'humanité européenne*[1], o horizonte visado pela intencionalidade da consciência ocidental. Horizonte portador "de objectivos, de normas e de acções", em súmula, de valores. Estes são, de facto, os fins prosseguidos, porém inseparáveis dos meios procurados para os atingir. A razão, que está ao serviço deste complexo de orientações, negar-se-ia a si mesma, se não subordinasse a actividade científica à realização de um sentido espiritual universal de que a consciência ocidental seria o modelo. Sob o aspecto duma hermenêutica cultural, é toda a filosofia que é esta filosofia dos valores, possibilitada pela própria história da filosofia.

---

[1] Em francês, no texto.

Nesta obra, esperamos desenvolver a dupla abordagem referida. Numa primeira parte, traçaremos o perfil dos valores, sob uma perspectiva analítica. Consideraremos, por um lado, os valores como objectos de reflexão, esclarecendo determinadas referências históricas (cap. I) e salientando as características definidoras desta figura (cap. II). Ligá-los-emos, por outro lado, ao sujeito, que os estabelece e ordena, segundo os princípios da sua acção (cap. III). Explicitaremos, numa segunda parte, o horizonte problemático da filosofia dos valores. Daremos conta, inicialmente, das mais célebres críticas dirigidas ao modelo precedentemente desenvolvido por Nietzsche, Freud, Marx e Heidegger (cap. IV). Apresentaremos, em seguida, exemplos da teorização clássica e contemporânea, concernentes ao fundamento dos valores (cap. V). Por último, situaremos o conjunto desta argumentação no âmbito do questionamento ético (cap. VI).

PRIMEIRA PARTE
ANÁLISE DOS VALORES

CAPÍTULO I

REFERÊNCIAS HISTÓRICAS

O valor é uma figura do desejável. Por isso e enquanto tal, envolve uma aspiração e uma representação. Como se sabe, o desejo não finda com um objecto, diferentemente da necessidade. Reenvia a ideias ou a ideais, que são permutáveis e que, segundo a fórmula clássica, se convertem uns nos outros. Todavia, não se deve esquecer a profunda ambiguidade do valor, que reside na constante recuperação do desejo pela necessidade e inversamente. Esta operação não é, contudo, o sinal de uma desvalorização. Muito pelo contrário. O desejo funda o valor, alicerçando-o na relação, pois as representações de que se socorre, não são mais, afinal, do que símbolos fundadores do reconhecimento e da reciprocidade. Em contrapartida, a necessidade projecta o desejo para dentro das fronteiras da troca e da contabilidade, inscrevendo-o, por esse movimento, no âmbito da economia. Daí, que não surpreenda o facto da filosofia dos valores se ter explicitamente desenvolvido, no fim do século XIX e na primeira metade do XX, numa atmosfera social, estruturada à volta dos imperativos do mercado, da produção, da oferta e da procura.

I. UMA FILOSOFIA EM GESTAÇÃO

Desde o início da filosofia, que a ideia de valor constitui, implicitamente, um pólo de referência, sem chegar a ser objecto de análise, nem princípio regulador de sistema. O que acontece, mercê do reconhecimento implícito do *Ser* como valor supremo, na medida em que este designa, por um lado, a origem e o fim de toda a reflexão e, por outro, porque se encontra referido a Deus, que lhe confere a perfeição última. Os pensadores medievais distinguiram, na senda de Platão e Aristóteles, quatro tipos de ideais ou transcendentais: a Verdade, o Bem, o Belo, finalmente, o Ser, que reúne os três precedentes. O que revela até que ponto a questão ontológica pressupõe uma visada axiológica, uma vez que contém, embora em esboço, os eixos dominantes do pensamento e da actividade do homem. A filosofia dos valores é o discurso da verdade, tacitamente reconduzido da filosofia do ser.

No quadro da ontologia, é possível encontrar certas figuras exemplares da ideia de valor. Analisemos algumas de entre elas. A mais fecunda é, indubitavelmente, a do *Bem*, que Platão situa além da essência, logo para lá do ser, como se o valor supremo não pudesse existir, a não ser subtraindo-se a toda a apropriação, a toda a avaliação e a todo o domínio. Não é por isso incognoscível, fechado no recesso da apófase. Brilha, com efeito, na Beleza, que o representa aos olhos dos mortais. Mas desaparece, paradoxalmente, na sua própria manifestação, como o Ser que, segundo Heidegger, é o seu paradigma, pois que não cessa, desvelando-se, de velar o modo mesmo do seu desvelamento. O Bem, símbolo de toda a avaliação, apaga-se, ao expor-se. O valor não se encontra, nem do lado do Bem transcendental, nem do Belo resplandecente. Surge na articulação do Bem, que se retira no seu segredo e da Beleza, que se substitui ao Bem, do qual é garante. Se nos propusermos decifrar este enigmático esquema teórico, poder-se-á ver nele a irradiação do valor sob o duplo modo do envio e da interpelação. Mal este nos faz sinal, logo se apaga, afim de mobilizar o nosso desejo e suscitar a nossa acção. Torna o olhar respeitoso, atento, pleno de deferência. O Bem solicita-nos através da figura do Belo, apenas na aventura de um vislumbre.

A *virtude* é também uma figura do valor, subordinada ao Bem, que tem por missão reflectir, não só no espaço estético como também no sócio-político. Porém, é necessário atender a duas orientações distintas. Segundo a que encontramos em Platão e Aristóteles, a virtude não é a felicidade. Há, como o dirá Kant, um elo sintético e não analítico entre estas duas exigências. Em contrapartida, a virtude defendida pelos estóicos e tão brilhantemente ilustrada por Spinoza, proporciona *ipso-facto* a felicidade. O homem virtuoso é necessariamente feliz. Compreende-se que, nesta segunda perspectiva, seja o conjunto das virtudes, que ordena o inventário dos valores. Mas seja qual for o elo, sintético ou analítico, estabelecido entre a felicidade e a virtude, a compreensão, que o respeito pelos valores implica o alcance da felicidade, está subjacente. A prática da moral é inseparável duma visada "eudemonista" fundamental.

A virtude está comprometida com uma *ordem* teológica, mas também sociocultural ou sociopolítica, que deve respeitar. Ora, é esta ordem que, justamente na tradição augustiniana, preside à hierarquização dos valores. Existe, com efeito, como o sublinha Malebranche, ao lado da ordem quantitativa das grandezas, a ordem qualitativa da perfeição. Quando

Pascal distingue a ordem dos corpos, a dos espíritos e a da caridade, retoma, à sua maneira, uma trilogia célebre, que constituiu a trama do discurso augustiniano, interpretando-a à luz dos valores matemáticos dos quais Desargues, particularmente, realçou o carácter descontínuo. Não está este esquema ternário próximo do esquema kierkegaardiano, que articula as esferas estética, ética e religiosa da existência? Estas são modalidades axiológicas a cada uma das quais corresponde uma figura: Fausto e D. Juan encarnam a ordem dos valores sensíveis: os da linguagem e da música, que derivam do signo; Abraão, os de uma ética, fundada sobre o símbolo da Lei; Cristo, enfim, os do amor eterno, partilhado na experiência sempre nova de um presente aberto ao futuro. Sem dúvida, o sujeito experiencia uma rotura, ao passar de uma a outra esfera, mas precisamente porque não são da mesma ordem, podem coexistir sem haver exclusão, ou entrar em conflito sem recusa. Estas distinções não são, contudo, suficientes para o esclarecimento da noção de valor. Exprimem, porém, as modalidades de uma visada, que compromete o sujeito. Pois é a subjectividade, que está, inelidivelmente, no princípio da instituição da axiologia.[2] A posição de um objectivo a atingir ou, como se diz em pedagogia, a divisão de um referencial em fases de aplicação, não basta para que estejamos face a uma escala de valores. A mobilização do desejo é um facto essencial a essa instituição. Razão pela qual a filosofia dos valores pressupõe, inevitavelmente, uma filosofia da subjectividade. O que também não significa que uma filosofia da subjectividade integre *a priori* uma filosofia dos valores. Mas antes, que a auto-afirmação se realiza sempre sobre um fundo antecipado de exigências, de normas ou de finalidades mais ou menos implícitas. Concebidas, na origem ou no termo do *cogito*, rigorosamente estas só constituem valores, quando explicitadas e organizadas em ideais ou pólos de actividade.

O *cogito* cartesiano contém a afirmação de uma presença, de um *ego*, de um *eis-me* aqui, anterior ao movimento reflexivo de retorno a si mesmo. Implica o acto de uma apresentação, que antecede a representação. Por outros termos, afirma-se à maneira de um fundamento. E, o que normalmente se silencia, o sujeito cartesiano realiza esta afirmação, ao desenvolver uma visada axio-lógica[3]. Tal é, certamente, um dos sentidos funda-

---

[2] Devemos esta terminologia a N. Hartmann.
[3] Como, particularmente, R. Le Senne o formulou.

mentais da dúvida hiperbólica, que, ao anunciar-se como uma encenação extravagante, se efectivaria, apenas, subtraindo-se aos valores de que o sujeito é porta-voz. Imagine-se que um deus enganador ou que um génio maligno nos leve a crer num falso sentido e encene, sob o nosso olhar, um espectáculo insólito e falacioso: eis-nos, de imediato, conduzidos à suspeita de que Deus se desdiz, ao recusar garantir a existência de valores, que impôs à nossa crença. É, pois, impossível reduzir o mundo ao silêncio ou ao não sentido, sem constatar algo de errado em Deus. Também nos é proibido pressupor, sem má fé, que sonhamos, sempre que avaliamos os seres e as coisas à luz da verdade e do bem. Apreciamos o sentido do Mundo, tal como Deus, que está na origem da verdade da nossa certeza, no-lo propõe.

É o pensamento de Kant, que define os prolegómenos da filosofia dos valores. Ele postula, de facto, a ideia de um *sentido*, que deriva não de uma coerência lógica, mas de uma exigência prática da razão. O sujeito submete-se à lei de um sentido, que a si mesmo se dá. O sentido existe, na medida em que aquela o determina. O desejo *(Begehrungsvermögen)* não é a expressão patológica de paixões ou sentimentos: é um facto de razão e, consequentemente, as exigências, que testemunha, realizam-se, apenas, sob o controlo da razão, que se apresenta como o seu princípio e o seu fim. Os valores seriam, deste modo, as figuras diversificadas deste sentido, que o sujeito postula e sanciona ao mesmo tempo, em suma, figuras do desejável, despojadas de toda a reivindicação de completude. Aparecem-nos sob dois aspectos, que Kant articula nas categorias da analogia, do símbolo e do tipo. O primeiro, tem relação com a finalidade, tal como a arte, por exemplo, a representa, ou tal como a natureza parece ratificá-la. O segundo, deriva do fim moral, para o qual a finalidade reenvia. Assim, a experiência do valor é a de figuras figurativas, que, utilizando as categorias de J.-F. Lyotard, articulam as figuras figuradas da finalidade e as figuras figurantes da moralidade. Dito de um outro modo, os valores são os símbolos de tarefas abertas a um crescimento indefinido: inscrições de um ideal inesgotável.

É a partir de uma leitura de Kant, na verdade, que explicitaremos esta problemática. Se com ele, efectivamente, a noção de valor não se desenvolve enquanto tal, todavia, já está aí inscrita, mercê da dupla relação que o sujeito mantém com as finalidades e os fins que os fundam. Não é Deus, que funda os valores, são os valores que são susceptíveis de reenviar a Deus. A teleologia apela, decerto, à teologia, mas, indirectamente, pela mediação da acção moral. Os valores são testemunhas parciais da realização de um ideal ético na cultura e na sociedade, mas também na ordem de uma natureza trabalhada pelo homem.

Esta breve evolução não estaria completa, se não assinalássemos um dos lugares teóricos, onde a referida problemática esteve sempre presente, embora como fundo ou contraponto: o célebre *argumento ontológico*, que a metafísica não cessa de reinterpretar, depois de Santo Anselmo. Conhece-se a crítica que, particularmente, S. Tomás e Kant fizeram a este raciocínio falacioso, que deduz a existência da essência, o ontológico do lógico, o direito do facto, a realidade do ideal. Mas deixemos de lado estas objecções clássicas, que manifestamente revelam o deslocamento ou o confronto entre as teorias platónicas e aristotélicas do conhecimento. Aos olhos de uns, a ideia é uma presença, uma iluminação, uma participação no ser, aos olhos dos outros, esta é um ideal, uma representação, um esquema lógico. Limitemo-nos, pois, a sublinhar somente que este argumento se apoia num horizonte axiológico, que a crítica denegou. Poder-se-ia dizer que Deus existe, porque merece existir. O remeter para o ideal, exprime uma exigência de ser, fundada numa experiência indirecta do valor. Que Deus seja o maior, a perfeição ou o princípio do Bem, eis o que depende de uma avaliação, de um desejo, de uma crença. É a título de eminência, que Deus tem direito a existir. Como se sabe, Kant, que critica o vício de forma do argumento, no plano da razão teórica, restabelece-o, no plano da razão prática. Ao fazê-lo, retira a denegação mantida pela crítica. Mostra, no mínimo, que a afirmação de Deus, que, neste argumento, se apresenta como um juízo analítico, esconde um juízo sintético, pois é ao fazer o desvio pela acção, pela experiência moral, que o homem se sente interpelado pela exigência de uma garantia absoluta: a que nos é proporcionada pela existência de um fim último.

II. A VIRAGEM DA FILOSOFIA DOS VALORES

O pensamento de Kant opera a junção entre a problemática implícita da filosofia clássica e a interpretação nova, proposta pela filosofia contemporânea. Este pensamento será explorado, nesta perspectiva, mas de um modo mais explícito, pelos filósofos neo-kantianos do século XIX (Ritsche, Cohen, Natorp) e do século XX, tais como J. Nabert e R. Le Senne, muito particularmente. Não nos deverá surpeender o facto, que esta última corrente se desenvolva, mercê de vários factores característicos: extensão e modernização da economia de mercado; sentimento de angústia, resultante da subversão da ordem, ocasionada pelas duas guerras mundiais; questionamento da fenomenologia; crítica das ciências humanas, organizada em torno das noções de significação e de compreensão; denúncia dos ideais, empreendida por Marx, Freud e Nietzsche; reformulação dos valores prioritários, num contexto em que se cruzam o desejo de domínio tecnológico e as novas possibilidades de comunicação.

A noção de valor ético explicita-se, na base deste deslocamento, a partir de um contexto por esta seleccionado. É assim que os filósofos utilitaristas ingleses J. Bentham († 1832) e J. Stuart Mill († 1836), desenvolvem a significação aritmética do termo, na senda dos epicuristas. Fundam a moral na oposição entre o agradável e o desagradável e, tomada esta decisão, propõem-nos toda uma aritmética dos prazeres. É evidente que, deste modo, a atitude humana dependerá de um cálculo, de um confronto, de uma avaliação. Sem dúvida que o juízo ético é formulado, por um lado, a partir de uma operação comparativa. As soluções são previstas e comparadas para se promover a melhor possível. Tal gesto resulta não só do princípio do prazer, mas do princípio da realidade e determina um compromisso entre estas duas componentes do desejo. Por outro lado, não poderia, em caso algum, depender de uma escala de atitudes previamente ordenada, ou seja, de uma espécie de gramática dos prazeres.

No oposto desta tese, encontra-se a atitude do homem corajoso, que não teme enfrentar os conflitos. Compromisso generoso, mesmo heróico, sem traça de cálculo mesquinho. O espaço deste "transfert" é o do valor, no sentido militar do termo. Th. Carlyle († 1881) opõe a bravura *(valour)* ao preço estimado *(value)*, a coragem que se afirma sem medida, à estratégia do que mede, compara, avalia, negoceia. Esta linha de conduta, ilustrada pelos estóicos, está inscrita, sem dúvida, também na linguagem de uma ética recebida, que faz apelo à força da alma e do carácter, à força *(virtus)* da virtude, à força da coragem. Mas, se esta se impõe de modo unívoco, ameaça perverter a causa, que defende, dando origem à exclusão, à violência, ao culto da personalidade ou ao elitismo.

Para além destas orientações, desenha-se uma *interpretação religiosa* do valor, fundado sobre o dom de si, o mérito e a eleição. Esta aparece-nos como uma releitura da oposição kantiana entre a razão teórica, que chega a suposições de existência e a razão prática, que pressupõe valores. São filósofos neo-kantianos do século XIX, como Ritschl, Schleiermacher, Harnack e Höffding, os artesãos desta mudança[4]. Pode-se distinguir, nesta linha, três concepções. Uma, representada por L. Lavelle, propõe um pensamento dos valores, influenciada pela noção platónica de participação. A segunda, que aparece com E. Mounier e R. Le

---

[4] Ritschl, na sua obra aparecida entre 1870 e 1874, introduziu a expressão de juízo de valor *(Werturteil): Die christliche Lehre von der Rechtfertigung and Versöhnung.*

Senne, desenvolve uma reflexão acerca dos critérios, que definem o compromisso ou o dever-ser. A terceira, da qual M. Scheler é o teórico, situa o princípio fundador dos valores na experiência da relação intersubjectiva. É com base nesta conotação religiosa, que a reflexão sobre os valores, relativamente atenta à crítica nietzschiana, se desenvolveu em França e na Alemanha, na charneira do século XX. Os valores aparecem, assim, em tensão entre o sentido transcendental de que participam e a exigência da sua realização, em nome de um compromisso vivido num mundo semeado de "obstáculos" e atravessado por conflitos. É este deslocamento fundamental que Nietzsche qualifica de inversão. Gesto que significa duas coisas: por um lado, traçar um novo mapa de valores, e, por outro, promover uma nova maneira de avaliar. Deste modo, a inversão nietzschiana não é uma simples viragem de situação, mas um deslocamento da tipologia e da topologia dos valores. É o propósito explícito de inverter o gesto platónico, qualificado de niilismo. O corte, instituído entre o ideal e o real, entre a verdade e a aparência, não só é, por princípio, niilista, uma vez que aliena o sujeito, remetendo-o para instâncias estranhas ao seu desejo, como também é niilista no seu processo, pois que testemunha a ineficácia dos valores. Mas se o brilho destes se restaura, graças a novas interpretações, permanecem, todavia, arrastados num mesmo processo de degradação, até que se proceda a uma outra maneira de julgar, avaliar e compreender o homem. O bem, o belo, a verdade e o ser dissipam-se no mundo evanescente dos ideais de Platão.[5]

Nietzsche é, sem dúvida, o representante mais significativo desta profunda mudança, não só porque "inverte" o gesto platónico, mas ainda porque, para o conseguir, se apropria das conotações da ideia de valor. Relega para a sombra a denotação aritmética, privilegiada pelos filósofos utilitaristas ingleses, efectuando a recuperação de duas correntes precedentes. A seus olhos, de facto, a verdadeira avaliação, excluindo o cálculo baixo, é o feito da alma nobre, que reivindica, acima do sentido económico, o sentido heróico de uma coragem infinita. Considerando a distinção, bravura militar e preço mercantil, vemos que Nietzsche compreende o valor em termos de valentia, superação, desmedida, gratuidade. É, no horizonte desta selecção, que ele lê Dühring, cuja tese opõe o valor da vida *(Das Werte des Lebens)* ao valor de ser.[6] A problemática ética surge na encruzilhada destas suas direcções. O valor é o do sujeito, que se toma a seu cargo e testemunha uma coragem de viver, que desafia toda a norma.

---

[5] Tais são as figuras do niilismo: positivo (o corte), negativo (a degradação), incompleto (as tentações de substituição), concluído (o momento de degradação acabada e o de uma possível reavaliação).

[6] Dührring publica, em 1865, o livro, *La valeur de la vie (Das Wert des Lebens)*, sobre o qual Nietzsche anota as suas reflexões, em 1875.

CAPÍTULO II
ESTUDO FENOMENOLÓGICO

Este rápido esboço de horizonte desenha, em nossa opinião, o quadro a partir do qual iniciaremos um processo fenomenológico, que conjugue descrição e redução. As indicações precedentes bastam para sublinhar a ambiguidade, que subjaz ao tema em estudo. Como podemos supor, esta ambiguidade não é estranha à própria problemática. Começaremos por explicitar a noção de valor. A análise semântica constituirá o ponto de partida, necessário ao esclarecimento dos caracteres transversais às diversas acepções do termo e à explicitação dos pressupostos gnosiológicos, por aquelas convocada. Depois de isoladas as invariantes, regressaremos à experiência, afim de definir as etapas de constituição deste fenómeno, bem como os níveis de interpretação implícitos. Estabelecidas tais determinações, estaremos, decerto, aptos a precisar o perfil estrutural da noção de valor.

I. As Determinações Transversais

1. **Análise semântica** – O valor moral remete-nos para a instituição de uma ordem específica, no sentido em que Dupréel a entende. Não pretendemos com esta referência eliminar as várias conotações da palavra. Quando falamos de valores, espontaneamente se evocam os religiosos e económicos ou mercantis e esquecem-se os valores matemáticos, sinais algébricos ou algoritmos, que representam uma incógnita; os valores culturais que, ao lado dos signos, das palavras e das regras, abrangem o que Husserl designa, em *La crise de l'humanité européenne*[7], os fins, os objectivos, as normas e que, de forma mais básica, designam os bens destinados à troca, cujo paradigma é, segundo Lévi-Strauss, a circulação de mulheres; os valores linguísticos exprimem, de acordo com Ferdinand de Saussure, as diferenças que, numa língua, funcionam sob o modo de referências; os valores autênticos, enfim, que traduzem, na música, as dura-

---

[7] Em francês, no texto.

ções relativas de uma nota musical, ou ainda, na pintura, os graus mais ou menos intensos das cores...

Destas indicações semânticas é possível abstrair, desde já, certos traços comuns à noção de valor. Esta é, tal como nos aparece, ambígua, pois situa-se na encruzilhada de uma dupla economia: uma, resultante da troca comercial; a outra, da regulamentação comunicacional. E, como se verá, se a ética implica uma autonomia relativamente ao poder político, não deixa por isso de se reclamar de certos aspectos característicos da *economia*. Levinas tem, indubitavelmente, razão, ao subtrair a ética às relações de força, mas Lacan, por sua vez, também tem razão, quando considera que a crítica da subordinação da ética ao poder político envolve a recusa da dominância da economia política, mas não toda a visada económica. A procura dum consenso ou dum compromisso, a regulamentação das relações sociais, o entendimento, mas também a posição e a expressão do desejo relativamente à Lei, tudo isto se apoia sobre esquemas de regulamentação económica. Poder-se-ia dizer, retomando o vocabulário kantiano, que a economia política sujeita a ética às normas, ao desempenhar, no que a estas respeita, o papel constitutivo de um fundamento e não, como o requer uma lógica económica, no sentido lato do termo, o papel *regulador* de uma finalidade ou de um horizonte. No primeiro caso, os valores impõem-se como absolutos, determinando de modo definitivo as relações dos meios aos fins; no segundo caso, como fins exigidos, implicando a escolha dos meios mais apropriados à complexidade de uma determinada situação.

O segundo carácter diz respeito à *relatividade* dos valores. Efectivamente, é por diferença e por contraste que os valores se referem entre si. A significação estética do termo, evocada mais acima, realça este aspecto. Se os valores são relativos uns aos outros, é porque obedecem à lei da economia dos signos linguísticos. Organizam-se num sistema de referências, resultante de um processo interactivo. Manifestam o horizonte de um "ser-em-comum", que constitui as bases da cultura e que determina os modos, segundo os quais os membros de um grupo habitam o mesmo mundo. Em síntese, apresentam-se como a instituição dos processos simbólicos. Distribuem-se em tópicos linguísticos, políticos, estéticos ou religiosos, que, na cultura, constituem um sistema de pólos referenciais.[8]

---

[8] O termo "axio-logia" define com felicidade estes "tópicos", que representam os grandes eixos da actividade humana.

É, ao reportarem-se a este imaginário fundador, no sentido em que o entende C. Castoriadis, que os sujeitos lhes conferem uma sanção simbólica. Assim, o carácter referencial joga, aqui, em dois registos: um, horizontal, que distribui as oposições no interior do sistema axiológico; o outro, transversal, que articula a bipolaridade dos valores, situados na encruzilhada do imaginário e do simbólico.

Na medida em que estas determinações derivam de um consenso e retiram a sua eficácia simbólica da acção, comportam uma dimensão de desconhecido, que o sentido matemático do termo, explicitamente sublinha, mas que sobredetermina cada um dos outros sentidos sob o modo de *crença*. É esta relação ao Outro, que funda o valor. O Outro designa aqui o ideal a que aquele reenvia e que só pela decisão e acção concertada pode ser configurado. Razão pela qual os valores comportam um factor essencial de indeterminação e de precariedade, na justa medida em que são constituídos por um adiantamento simbólico, efectuado sobre este ideal e permanecem submetidos às sanções aleatórias da prática moral. Mesmo se o cálculo e a previsibilidade intervêm no gesto da constituição dos valores, estes são tributários de uma dupla aposta: a que inaugura a sua génese; a que acompanha a sua realização.

O reenvio ao desconhecido confere ao compromisso moral uma *aura* numinosa. Todo o valor, com efeito, traça, no campo da sua visada, o traçado de uma separação e de uma partilha simbólica, divide o campo da acção entre o bem e o mal, o feio e o belo, o falso e o verdadeiro, o natural e o sobrenatural. Modula, deste modo, sobre várias frentes, a oposição do *tremendum* e do *fascinans*, do temor e do fascínio, que estrutura a experiência do sagrado. A marca ou sinal de referência, que o valor induz a partir do ideal, que reivindica, veicula um imperativo e, por consequência, uma proibição. Razão por que o valor negativo é, indubitavelmente, menos o oposto do valor positivo do que a sua inversão, cujo sentido sublinha, de modo irrisório, a precariedade da proibição, que o define, e a transformação da sacralidade, que o institui. Nada exprime melhor a precariedade da beleza do que a fealdade; nada exprime melhor a fragilidade intrínseca à verdade do que a mentira; ninguém se diverte tanto a imitar Deus quanto o diabo.

Como se sabe, a proibição tem como objectivo instituir o desejo, a partir dum recalcamento gerador de *consenso*. É, assim, que são "inventados" os valores de uma cultura: através da censura que, em troca da renúncia pulsional, que exige, inaugura a possibilidade de um acordo social e, por conseguinte, abre a possibilidade de um "mundo-em-comum". Pode-se imaginar a complexidade deste processo... O ideal introjectado institui o desejo e o desejo interdito restitui o ideal por projecção, sob a forma da finalidade. É entre este duplo pólo do recalcamento e da sublimação que se negoceia o consenso. Vindo do espaço económico de um "mundo-em-comum", o valor patenteia determinações essenciais: ambiguidade, relatividade, credibilidade, sacralidade e desejabilidade. Antes de examinar, dum ponto de vista fenomenológico, a experiência do valor, completaremos esta análise para clarificar as situações admitidas como fundamentais, que compõem o perfil do espaço epistemológico da filosofia em questão.

2. **Pressupostos** – Um dos pressupostos mais explícitos encena a distinção entre *facto* e *direito*, que comanda a distinção entre juízos de valor e juízos de realidade. Mas, se é verdade, como pensa E. Durkheim, que o direito depende de um consenso social, este fica suspenso, mesmo sob a forma de uma recondução tácita, do acordo mútuo dos sujeitos que o instituem. O valor, como o direito, decorre de um pacto, ou mais precisamente, de um pactuar, que exprime o assentimento voluntário de pessoas comprometidas. Ao contrário, o facto, ou a realidade, é inseparável de um juízo qualitativo, porque o facto é sempre "feito" ou interpretado, e a realidade sempre simbolizada. Não se poderia, consequentemente, opor estes dois pólos, que se iluminam, mercê de um reenvio, mais ou menos explícito, a um ou a vários sujeitos. Será necessário concluir que a realidade recalca o valor e que o valor desvela os princípios ocultos que presidem à avaliação oculta da realidade? Assim é, de facto.

Mas reconhecer isto não condena a distinção pressuposta à insignificância. Porque a apreciação de um qualquer facto apoia-se em normas técnicas, sociais e jurídicas. Depende, recorrendo a uma distinção de J. Habermas, da ordem axiológica, isto é, das condições de possibilidade funcionais da comunicação, não da ordem ética, isto é, das condições de possibilidade intersubjectivas da comunicação. E, para não nos perdermos em argúcias escolásticas acerca da interpretação linguística dos juízos de realidade e de valor, seja para apagar os traços pertinentes desta distinção, seja para os acusar sobre o modo da denegação, convém, antes de mais, distinguir os diversos graus de apreciação situados entre estes dois pólos extremos.

Uma outra oposição, igualmente, problemática articula a *objectividade* e a *subjectividade*. Observar-se-á, a justo título, que, se os valores aparecem, em primeiro lugar, como qualidades de coisas, é porque o sujeito avaliador foi, inopinadamente, retirado.

Opostamente, insistir-se-á sobre o estatuto subjectivo dos valores: quer criados por escolha da liberdade humana, como defendem J.-P. Sartre e R. Polin; quer como resposta às exigências da vida, que seleccionam os utensílios necessários à adaptação do homem ao meio, como o preconizaram os filósofos pragmatistas; quer, enfim, gerados pela necessidade ou pelo desejo, estimulado pelos sentimentos ou as sensações, segundo a interpretação biológica proposta por Ribot e Ehrenfels. Porém, estes dois pontos de vista antitéticos fazem a economia da posição de um sujeito, implicado numa ordem que o ultrapassa. E, pouco importa, que se interprete esta última como sendo a do imperativo kantiano, a da palavra interlocutória ou mesmo a do ser, abrindo o homem ao futuro das suas possibilidades. Toda a questão é a de saber se entre o desejo e o valor existe, para retomar o vocabulário kantiano, um elo analítico ou sintético, em suma, se é o valor que está implicado no desejo ou se é o valor que implica o desejo. Claramente, o valor que designa a ordem do desejável e não a do desejado, torna problemático o estatuto da subjectividade e o da objectividade. Este apela o sujeito a existir num perpétuo movimento de contestação e questionamento, arrancando-o à representação dos objectos de que se deve apropriar, a fim de se situar face a objectivos a atingir.

Sob as distinções do facto e do desejo, do sujeito e do objecto, nós discernimos o jogo de uma oposição mais fundamental: a do *mesmo* e do *outro*. Porque o valor tem por efeito fundamental descobrir o *Outro*, que articula o facto ao direito, o sujeito ao objecto, uma vez que desloca cada um destes termos para um terreno mediador, enraizando-os num espaço terceiro. Tal como o indicamos, no primeiro capítulo, é, sem dúvida, esta dimensão oculta pela metafísica, que a filosofia dos valores entende desenvolver, qualquer que seja a figura sobre a qual considera este Outro: consenso, dever-ser, lei, reconhecimento do outro, elo intersubjectivo, fundado na partilha dos sentimentos comuns ou da palavra. Quando autores como Nietzsche, Freud e Marx denunciam a alienação da noção de valor ao ideal, à censura ou ao lucro do capital, acusam, na realidade, a desvalorização dos valores decorrente da exclusão do terceiro, que aqueles supostamente representavam.

O Outro, que o valor simboliza, apela para uma outra distinção recebida da linguística: a da *diferença* e a da *referência*. Como se sabe, o símbolo erige em referência uma diferença, articulando dois sinais, como, por exemplo, balança e justiça, foice e morte, sol e pai. O que acontece, porque aquele efectua através de si o reconhecimento dos sujeitos falantes. É bem esta operação, que metamorfoseia a diferença em referência. Há, neste gesto, sem dúvida alguma, o processo em acção de uma avaliação. É do conhecimento geral, que F. de Saussure designa por "valor" o jogo de oposição entre dois significantes. Ora, o símbolo, por assim dizer, dá corpo a este valor, ao bloquear os dois significantes sob um significado comum: virtude, pátria, Deus, amizade, espírito filial... Mas o valor, de que falamos, é, ao mesmo tempo, mais e menos que o símbolo. Mais que o símbolo, porque está na origem da constituição de outros símbolos a título de diferença última. Menos que o símbolo, porque permanece indeterminado, fechado num jogo ideal de diferença. O que revela quanto o valor se impõe, em oposição ao símbolo, ao libertar o sentido que encerra. Pois, incessantemente, transforma a referência, que acaba de estabelecer, numa nova diferença e é esta mesma diferença, que manifesta a presença do valor. Este desinstitui o que o símbolo institui, demonstrando, assim, que a significação é simbolizada, apenas, tendo em vista a sua realização. O valor impede que o símbolo nos engane e nos faça crer na realização definitiva do sentido, que aparenta encerrar.

O *consenso*, de que aqui se trata, pressupõe a realização de uma identificação a estes símbolos, que, apenas, se impõem como referências a partir das diferenças significativas, que modulam. Quando domina o pólo referencial, o valor tende a impor-se como um modelo absoluto, normativo e intangível. Quando é o aspecto diferencial que leva a melhor, o valor apresenta-se como sendo uma função, isto é, o jogo de uma variável, actuando como uma instância de controlo. Modelo e função implicam, ambos, uma lógica mimética, que funda o consenso. Porém esta é mais ou menos relativa, segundo o estatuto, que lhe foi atribuído. Como função, apresenta uma distância, que o modelo aboliu. Não nos podemos, todavia, satisfazer com esta bipolaridade. Há lugar, parece-nos, para uma terceira concepção do valor, suposto como uma referência, que visa regular a lógica simbólica da troca e da partilha, recalcada tanto pelo jogo do modelo quanto pelo da função. Segundo este ponto de vista, o valor, que mergulha no húmus da língua materna, tem a sua origem no acto locutivo ou performativo da palavra, que dele se reclama como de um código a verificar. Apresenta-se, deste modo, como um conjunto de referências, que, geradas na e pela actividade comunicacional, são susceptíveis de promover a criação de outros valores.

Pode-se distinguir, para além das oposições precedentes, um último pressuposto, que consiste na dupla relação económica, que liga o valor à lógica da *quantidade* e à da *qualidade*. Este último proporciona, aliás, um princípio de classificação entre, por um lado, os elementos avaliados quantitativamente, como o dinheiro, os bens, os títulos de propriedade e os desempenhos físicos ou mesmo intelectuais; e, por outro, os elementos apreciados de um modo qualitativo, como o calor de uma relação, a beleza de uma obra de arte, a generosidade de um gesto. Contudo, seria um erro, fixarmo-nos numa tal distinção, sem acrescentar algo mais. É do conhecimento geral que os pretensos valores quantitativos, tais como, por exemplo, as acções da bolsa ou as cotações monetárias, dependem, e muito, de factores psicológicos, afectivos e relacionais; ao invés, os valores qualitativos, tais como o mérito e a cota de popularidade de uma pessoa, obsecada pelo reconhecimento, garante do seu poder, não conseguiriam *a priori* escapar ao olhar contabilista, ao cálculo estatístico, nem mesmo aos constrangimentos financeiros. Assim, encontra-se, no princípio mesmo desta dupla avaliação, um gesto de crédito transponível para cada um dos registos da linguagem. O que significa quanto esta oposição entre a quantidade e a qualidade constitui um impasse para uma determinação essencial do valor: a da intensidade. Esta exprime o grau do investimento com que o sujeito se entrega a uma causa, a um objecto, a uma personalidade ou a um ideal. Define o nível de reconhecimento, que cada um atribui a um mesmo símbolo, que o liga aos outros.

Tais são os diversos prossupostos, que comandam o discurso, que geralmente se tem sobre os valores. Estes enredam a reflexão numa série de oscilações, que mascaram o terceiro termo, onde se enraíza a problemática. É, assim, que a passagem do facto ao direito põe entre parêntesis o sujeito judicativo; a do objecto ao sujeito: uma experiência comum intersubjectiva; a do signo ao símbolo: a luz significante do desejo; a do mesmo ao outro: a relação a um espaço comunicacional e relacional comum; a do modelo e da função: a procura de um mesmo marco de referência; e, finalmente, a da quantidade e da qualidade: a tomada em consideração da intensidade do juízo. Estas indicações, que decorrem da análise das conotações do termo, desdobram o horizonte de toda a análise fenomenológica.

II. A Experiência Fenomenológica

A experiência, em questão, traça uma polaridade, inscrita no espaço terceiro da cultura, do consenso ou da relação ao Outro. Implica, por este facto, inevitavelmente, uma determinação objectiva e uma determinação subjectiva, que qualificamos de símbolo, reservando, para a junção destas duas últimas, a designação de efeito significante. Consideremos, sucessivamente, um e outro aspecto.

1. **Objectividade material e formal** – A determinação simbólica ou objectiva comporta um duplo aspecto, formal e material. Considerado, sob o primeiro ponto de vista, o valor exprime-se num discurso, que consta de finalidades, objectivos e normas. As *finalidades* representam as normas directoras ou os eixos dominantes da acção humana: lógicos, tecnológicos, estéticos, religiosos, políticos... Desenham a matriz, a partir da qual

o homem se propõe prosseguir objectivos. Assim, a definição de finalidades políticas exige que se estabeleça um plano de prazos, que se elebore o calendário de um programa. Os *objectivos*, implicam a transformação das finalidades em visadas ou em objectivos a atingir. Por último, as *normas* proporcionam os quadros de realização destas finalidades e destes objectivos, por exemplo, os princípios democráticos da execução de um plano político. Esta trilogia, inscrita na cultura, compõe o perfil formal dos valores.

O aspecto material, que recobre o conteúdo axiológico, é tão complexo quanto o precedente. Identifica-se ao *meio* da permuta ou da comunicação social. Engloba, se nos referirmos à tipologia de Levi-Strauss, os sinais linguísticos, os bens de consumo e as mulheres, trocadas segundo as leis da exogamia. De um modo mais geral, colocamos entre os conteúdos dos valores, os sinais da linguagem, os utensílios técnicos, ou ainda o conjunto das regras ou dos rituais, que representam os veículos de comunicação. Facilmente se entende que as pessoas não poderiam ser consideradas valores. Estas são, na verdade, os princípios da avaliação e, a este título, escapam a toda a apreciação económica. Tal é, de facto, o pressuposto tácito que, segundo Heidegger, compromete o modelo do sujeito da metafísica, do qual o *cogito* de Descartes constitui a figura exemplar. Este, com efeito, é considerado, justamente, o princípio da instituição dos valores, a menos que não seja ele próprio erigido em valor supremo, identificado com o perfil do Deus da Metafísica. Tal é, sem dúvida, também, o sentido do respeito, segundo Kant: considerando sempre o outro como fim, estabelecemo-lo como um incondicionado, que escapa ao domínio do pensamento avaliador.

Seria possível esclarecer o jogo deste interface, à luz da análise transicional, tal como a podemos induzir da leitura de Winnicott. Enquanto o aspecto formal corresponde à noção de espaço de passagem, o aspecto material circunscreve o objecto, que serve de ponto de apoio. O valor, assim perspectivado, tem por função materializar, por um lado, o campo da cultura, constituído por finalidades, objectivos e normas; e, por outro, fornecer os marcos de referência, indispensáveis à travessia daquela. O valor é um "contentor": ao mesmo tempo, visada e ângulo de visão, fim e meio, abertura e veículo de passagem. Estes abrem-nos o espaço metafórico da nossa cultura, a partir do lugar, onde nos inscrevemos, respeitando-os. A sua complexidade torna-se compreensível, não só em razão das interferências das suas conotações, como também pelo duplo nível formal e material, que articulam. E, se são ambíguos ou mesmo paradoxais, deve-se ao facto de que representam, ao mesmo tempo, um meio e um ponto de cristalização da cultura. Não será preguiça do espírito, relegá-los para o céu das entidades ideais ou transcendentais: as da verdade, do bem e do ser? Que o queiramos ou não, uma filosofia dos valores não poderia, sem denegação, fazer a economia da economia do nosso "habitar" cultural.

Os valores são, à semelhança dos objectos transicionais, meios. Indicam o meio possível de uma travessia, mas também os limites, que os sujeitos desejosos de entrar em relação uns com os outros, devem respeitar. Contribuem para a descoberta da abertura e do horizonte de um mundo comum habitável. Não são ideais absolutos ou transcendentes, no sentido teológico do termo, mas impõem-se como utensílios de troca e da comunicação, inseparáveis das visadas intersubjectivas, que os suportam. Ocupam o espaço teleológico, que Kant define, em *La critique du jugement* [9], como sendo o mundo de um jogo estético, onde se reflecte, segundo diferentes figuras, a relação ética, que liga o sujeito à Lei. Os valores são as figuras postas pelo juízo reflexivo. Dão substância e subsistência à aparência, que, segundo Winnicott, caracteriza o estatuto do objecto transicional. O que significa que a ambiguidade dos valores comporta, para além da dimensão horizontal, que justifica o reconhecimento mútuo das pessoas, que consensualmente os aceitam, uma dimensão vertical, que funda sobre a experiência do sagrado, do sublime ou ainda do religioso, o respeito com o qual os envolvemos. A identidade das pessoas não é redutível aos símbolos da sua coabitação cultural. Os valores remetem-nos, de facto, para o mundo de uma crença ideal, que, seja qual for o conteúdo conferido, articula a nossa identidade a uma dimensão, que nos ultrapassa.

Contudo, não se pode subtrair a experiência ética ao espaço estético da sua realização. Os valores são símbolos, que agregam o que Kant designa, na *Antropologia*, por "parceiros do jogo da vida". E, se são figuras da aparência, é no duplo sentido, que une o substantivo ao particípio presente. A aparência é, inseparavelmente, o lugar de um jogo e de um desafio, onde se arriscam os que nele participam. É o pretexto para uma reivindicação, que, em princípio, se poderia considerar utópica. Se o respeito pelos valores implica que simulemos, é não, apenas, no sentido de uma simulação experimentada sob o modo do simulacro, mas também

---

[9] Em francês, no texto.

no sentido de uma decisão expressa à maneira de um desafio. Enganar-no-íamos se reduzíssemos os valores a uma função de objecto, uma vez esvaziados das exigências ideais, que lhes conferem um suplemento de alma. É necessário salientar, com a devida relevância, que os valores testemunham crenças, que não designam, meramente, o estado das opiniões recebidas, mas também os perfis de exigências espirituais a realizar. São, duplamente relativos: à cultura e a "absolutos", que esta é suposta encarnar "num plano de imanência".

2. **Subjectividade** – No princípio mesmo desta experiência, verifica-se uma reduplicação implícita: o valor é o valor do valor. Se se considera bela uma obra de arte, será não só porque esta constitui o objecto de uma satisfação, no limite injustificável, mas também pelo poder de reconversão do olhar do contemplador, ou, até mesmo, porque se lhe impõe a revelação de uma outra possibilidade de decidir da sua profissão, do seu destino, do seu modo de estar com os outros. A aparência não é simulacro; esta simula o que dissimula: a relação a um ideal poético, ético ou religioso. Se aprofundarmos esta dupla economia do valor, aperceber-nos-emos do seu enraizamento numa crença, sob a forma de um crédito. Por um lado, na realidade, os valores existem independentemente de nós, depostos na cultura, como representações, sinais, utensílios ou bens. Por outro, só vêm a desenvolver-se, multiplicando-se, se os considerarmos *objectos do desejo*. O consenso colectivo, que os sanciona, não é suficiente para os fundar. O valor oferece-se, por assim dizer, ao reconhecimento dos sujeitos, que dão crédito ao crédito, que lhes proporciona a cultura, que partilham. E é neste acto de apropriação, que transparece o valor dos valores: o duplo preço pelo qual os estimamos, o duplo interesse com que os honramos. É o nosso compromisso, que avalia o justo preço, é o nosso interesse, que quantifica a mais-valia. Os valores situam-se na junção de uma dupla economia: a da necessidade, que reclama referências, pontos de apoio, objectos de troca ou de satisfação; a do desejo, que transforma estes dados em representações de finalidades transcendentes. Assim entendidos e situados, estes são os instrumentos indispensáveis à afirmação do homem, que vale bem mais do que parece. Inscrevem a nossa identidade, num lugar que nos transcende. Todo o valor é a inscrição de uma diferença, jogando entre um duplo preço, um duplo interesse, um duplo investimento, que modulam, mas a outro nível, as distinções admitidas entre o valor de troca e o valor de uso, o valor extrínseco e o valor intrínseco, o

derivado do cálculo e o que apela à coragem, à bravura e ao heroísmo. Ora, esta diferença funda-se, parece-nos, sobre a oposição psicológica do mérito e do desejo. Todo o valor, considerado como uma norma cultural ou como ideal transcendental, implica o preço do esforço, do labor, do trabalho e do sacrifício, para ser reconhecido ou realizado. Porém, não poderia ser exclusivamente apreciado sob este ponto de vista ascético. Testemunha, de facto, um apelo incomensurável, solicita a nossa generosidade, desafiando todo o cálculo, toda a avaliação, mesmo a que, à partida, nos comprometia numa experiência meritória. De objecto do mérito, forma subtil de uma necessidade "sublimada" e espiritualizada, converte-se numa representação ideal do desejo incumprido. Como bem o mostrou R. Le Senne, o valor aparece como o obstáculo, que mobiliza a nossa vontade. Nasce de uma resistência experimentada no coração do ser. Transforma o "contra-ser", que suscita o nosso mérito, num "dever-ser", que consigna um não-lugar a este último, de modo que advenha o desejo, esta injunção de um excesso, que, porque nunca satisfeito, não cessa de se repetir. A experiência do valor efectua-se graças a uma conversão: a do mérito em desejo, ou, como diria Heidegger, a do pensamento calculante em pensamento meditante.

III. A Estrutura do Valor

As análises precedentes permitiram-nos reconsiderar o valor sobre a instância de uma economia da linguagem e do desejo. Porque os valores não são, de modo algum, ideias transcendentes, mas representam referências necessárias à comunicação e figuras indispensáveis à expressão do desejo. Somos, por isso, constrangidos a ultrapassar as oposições clássicas do ideal e da realidade, do direito e do facto, do sujeito e do objecto, que forneceram à problemática clássica as suas articulações. Ora, o lugar, onde o desejo se converte em linguagem e onde a linguagem inscreve o desejo, é o símbolo. Porém, não basta haver símbolo para haver valor. Convém que este se exprima sob o modo de um duplo reenvio: um, dirigido a um sujeito sempre aberto, o que é feito pelo significante; o outro, orientado para uma acção possível, que é o destino do compromisso. Analisemos de perto estas determinações fundamentais, que representam a invariante do fenómeno estudado.

1. **O Símbolo** – Se o valor se apodera do símbolo, fá-lo em função do duplo gesto, que este incorpora, como instrumento de reconhecimento e como instrumento de ultrapassagem. O primeiro aspecto é-nos familiar. Todo o símbolo é o sinal de reconhecimento de sujeitos humanos, que partilham um mesmo "mundo-em-comum". O símbolo não é uma representação de objectos, que é o monopólio do signo, mas a representação de uma comunidade de sentimentos, de crenças ou de linguagem. É o *elo social* fundamental, enquanto evoca a memória da aliança originária, que dá sentido a cada encontro. Deste modo, quando o tribunal europeu da justiça vota uma nova lei, fá-lo, sem dúvida, em nome de exigências económicas, mas também o podemos supor, em nome de imperativos, que dependem do ideal democrático, inscrito na história do Ocidente. Os valores são estes símbolos, que tecem o horizonte de uma cultura e que funcionam como princípios reguladores da comunicação humana. Necessitamos acrescentar que são, ao mesmo tempo, inconscientes e complexos. Inconscientes ou, mais exactamente, pré-conscientes, à semelhança dos arquétipos de Jung, porque dormitam na alma dos membros de um mesmo grupo. Complexos, porque não são formas puras, de contornos nitidamente recortados, nos labirintos ou redes de símbolos, que mutuamente se sobredominam. O ideal democrático, precedentemente evocado, é, sem dúvida, de inspiração grega. Deriva de uma exigência de verdade *(a-lêtheia)*, cujo monopólio, outrora reservado à palavra do adivinho, do poeta e do rei justo, se deslocou, graças a um processo de racionalização, ao qual a filosofia não é estranha, para o campo da ágora e do direito à palavra política. Mas transformou-se, quando sobre a influência ulterior do cristianismo, no sentido de uma ética personalista, preocupada com as minorias e as marginalidades. Mesmo cristianizado, conserva ainda certos caracteres da sua destinação política originária. E, apesar de laicizado, não perdeu nenhum dos aspectos pertinentes da sua inspiração religiosa. O mesmo é dizer quanto estes símbolos se apresentam como referências ambíguas, testemunhando uma performatividade em si mesma diversificada.

Contudo, esta dimensão horizontal e comunicacional não chega para transformar o símbolo em valor. Este vai buscar a sua significação a uma dimensão *vertical*, que explica o estatuto ideal, que sempre aureolou a ideia de valor. O símbolo é, efectivamente, um sinal de reconhecimento, porque é o sinal de uma transcendência. Entendemos este termo no sentido do acto em si. A transcendência está inscrita como a possibilidade de uma superação, cujo traçado é a própria figura. É esta, que eleva o símbolo à dignidade de valor, conferindo-lhe a forma de uma reserva de sentido ou de condensação de múltiplos perfis ou desejos, ao desenvolver o esboço de um conjunto de projectos variados. Compreendemos, então, porque a justiça, por exemplo, é uma exigência nunca satisfeita e se oferece incessantemente a uma tarefa em aberto: o valor, que esta representa, encontra-se inscrito nos símbolos, que a exprimem: equidade, liberdade, partilha, respeito por o outro, que é uma figura exemplar. Percebe-se, assim, também, como a concepção platónica de um ideal, ao impor-se como modelo, seja a resultante de uma dupla abstracção. O pensamento arranca o símbolo ao campo linguístico, que lhe dá vida, e extrai do símbolo, reduzido a estado puro, o excesso de sentido de que dá testemunho, para o transformar na ficção de um absoluto.

Estas duas direcções, que se cruzam no mais íntimo do símbolo, exprimem o jogo de uma dupla diferença. Enquanto lugar de reconhecimento, o símbolo exprime uma diferença, que funda uma identidade. Todos sabemos, por exemplo, que os "símbolos-valores" da religião islâmica, estruturam, em razão da sua diferença, a identidade de uma pertença a uma determinada comunidade. Mas o símbolo é também um lugar de uma transcendência: a este título, convoca uma outra diferença, que se encontra na origem da primeira. Sanciona, na verdade, o reconhecimento como a etapa momentânea de um trabalho de identificação de longa duração. Funda a identidade dos sujeitos num outro lugar, que os desloca, numa diferença, que constitui o sentido mesmo das particularidades, experimentadas como outras tantas diferenças, que estruturam o desejo. A verdade e o amor não seriam valores, se fossem apenas sinais de reconhecimento mútuo. Todo o símbolo reenvia a estas duas formas de transcendência, que são a memória da história passada e as possibilidades da história futura. É, assim e ao mesmo tempo, conectivo e projectivo.

2. **O efeito significante** – Avancemos um pouco mais. O símbolo cristaliza, em vão, identificações actuais e potenciais: este não acede ao estatuto de valor, a não ser que se torne *significante* para um sujeito. Não basta colocar o valor nos lugares simbólicos, que o entendimento abstracto se apressou em esquecer. É também necessário que o símbolo não permaneça letra morta e possa falar ao desejo. E, como o faria, se um sujeito

não interpretasse o sentido, que contém, como uma mensagem a escutar, uma ocasião para um *novo* reconhecimento de pertença a uma comunidade e um *novo* crescimento da identidade individual? Mas, se os símbolos falam ao sujeito, é porque estes já o marcaram, irremediavelmente, com o cunho desta alienação necessária à lei de uma cultura, que o abre à comunicação. Contrariamente ao que, na generalidade, se entende, a passagem ao valor não poderia efectuar-se pela apropriação do símbolo. Esta depende da ordem do significante, porque é, antes de mais, o efeito de uma identificação reiterada do sujeito com o símbolo. Mas, como se efectuará, uma tal experiência? Os elementos de resposta a esta questão estão incluídos na relação paradoxal, que o símbolo mantém com o desejo. Porque é o símbolo que, efectivamente, aliena o desejo, ao impor-lhe um desvio obrigatório; mas, ao mesmo tempo, institui-o, libertando-lhe as possibilidades ocultas, que encerra. O significante é o efeito de uma dupla experiência: a do excesso de sentido, que o desejo recebe, pelo facto da mesma alienação, que o submete à regulação simbólica; a da ligação ao símbolo, consentida pelo desejo, a troco das promessas mantidas em reserva no próprio símbolo. É, deste modo, que o sujeito apropria a génese do símbolo, como sendo a sua própria. O efeito de sentido, que aqui designamos de significante, tem, por finalidade, reenviar o desejo às figuras hiperbólicas, libertas pela escuta dos símbolos.

Há valor, desde que o símbolo brilhe com a luz do significante. Então, o ideal torna-se realidade, isto é, efeito simbólico. Eis, como a justiça ideal se revela na figura do símbolo e como a figura do símbolo se apresenta sob os traços cintilantes do significante. Eu sinto, subitamente, que essa justiça, que me era exterior, me compromete, tal como esta verdade, que se escondia sob as vestes da norma. Compreendo que não há justiça, onde não houver sujeitos equitativos, que não há verdade, onde não houver sujeitos verídicos. É o significante, que desvela o símbolo como valor, ou que revela ao sujeito que se torna sujeito de desejo, ao comprometer-se na experiência da conversão do símbolo em valor. O valor realiza-se, então, como a experiência de uma acção, como o horizonte de um compromisso, como o projecto de uma obra, de um trabalho ou de um qualquer empreendimento. Deste modo, o valor surge como um apelo à responsabilidade pessoal. Não se poderia, consequentemente, reduzir a estrutura do valor à bipolaridade do símbolo e do significante, sem o amputar de uma dimensão essencial. O valor é, como projecto, o traço de união entre a teoria e a prática. Expande-se numa figura, que reúne as possibilidades, que o significante tem por missão libertar do símbolo. Tal é, parece-nos, a invariante, que se encontra sob os perfis dos valores: a constituída pela dupla diferença, que estrutura o símbolo, pela experiência do desejo reenviado à sua alienação e ao seu excesso, enfim, pela transcrição dos reenvios, que o significante opera sobre a figuração simbólica para os organizar numa intenção de acção.

CAPÍTULO III
O SUJEITO DOS VALORES

O sujeito dos valores não é o do solipsismo. Só existe, efectivamente, por referência a uma ordem objectiva de representações, que expressam crenças e instituem fins. O modelo fenomenológico é, neste aspecto, esclarecedor. O sujeito intencional exprime, o melhor possível, o perfil, que se adequa ao sujeito axiológico, cuja intenção é comparável, segundo E. Levinas, a uma carteira de valores... Carteira, que, como se sabe, Husserl considerava composta por vários compartimentos: essências gerais, essências regionais, perfil de aparição, horizonte de um mundo-em-comum. Reencontram-se aí, é nossa opinião, arquétipos, no sentido que o termo tinha para Jung, imagens universalizáveis, onde se sobrepõem os pensamentos, as emoções e as acções possíveis, que atestam; os tipos-ideais, tais como os entende Weber, que constituem esferas de valores: políticos, sociais, religiosos, económicos...; enfim, as projecções individuais, que sobredeterminam as duas frentes precedentes. É deste entrelaçado de representações, textura de um campo significante, que emerge a noção de valor.

I. O Horizonte da Questão

Poder-se-ia supor que a questão da subjectividade se apresenta como o avesso da questão dos valores. Seria um equívoco pretender refazer o modelo do sujeito à luz de uma reflexão sobre os valores, uma vez que a posição mesma da subjectividade é de tipo axiológico. Ou melhor, o valor desdobra *o horizonte antepredicativo*, sobre o fundo do qual emerge o sujeito. O "eu sou" *ego sum* é, sem dúvida, a constatação da existência de um fundamento anterior à representação, que deste se tem. Mas, se fundamento há, só aparece, enquanto tal, porque é antes de mais axiológico. As interpretações existenciais ou ontológicas, que se sucedem, têm por efeito esbater a ordem, que preside a esta emergência. O que se compreende, se atendermos ao facto, que o valor apropria, como fundamento, um determinado sistema de representações. É este, que confere à representação o seu carácter fundador. Não consiste o gesto avaliador em seleccionar um conjunto de representações existentes, para o creditar de uma função de fundo? Ao fazê-lo, inaugura um sistema de referências simbólicas, que desenha as fronteiras de um mundo-em-comum.

Os valores aparecem, em primeiro lugar, como representações, que servindo de elo intersubjectivo, constróem o lugar de um mesmo mundo habitável. Delimitam, assim, um espaço comunicacional *a priori*, que cada encontro efectivo confirma, infirma ou modifica. Sem valor não há comunicação possível; pois o elo social existe, apenas, quando se reactivam os valores implícitos, aceitando-os e propondo-os para reinterpretação. Assim, o prazer da conversação reside, indubitavelmente, na satisfação proporcionada pelas informações recebidas, ou na cumplicidade afectiva e intelectual dos protagonistas. Mas, estes dois últimos factores dependem, em nossa opinião, do facto de que cada um dos interlocutores verique, através do diálogo, que se reclama do mesmo sistema de referências e, consequentemente, partilha o mesmo mundo de valores.

Ponhamos de lado as representações, que se exprimem através dos *arquétipos*. É possível perspectivá-las, mas, ao fazê-lo, desprenderemos os nós de uma lógica dos contrários, tal como os mitos e os contos, por exemplo, a exprimem. Porque o valor é, aqui, a contradição experimentada como inultrapassável, mas dando-se, ao mesmo tempo, como ultrapassada, nos paradoxos da vida e da morte, do adulto e da criança, do mesmo e do outro, do ser e do nada, do homem e da mulher, da gratuidade e da utilidade, da necessidade e do desejo, do amor e do ódio, da beleza e da fealdade. São estas mesmas contradições, que os tipos-ideais retranscrevem no plano do imaginário social. Estas perdem, no percurso da transposição, a sua estrutura transcendental e, por conseguinte, o carácter rígido, afim de entrarem na regulação da comunicação social. Repartem-se, segundo vários eixos: científico, estético, político, religioso... Mas, cada um destes se define, distinguindo-se e interpondo os valores específicos dos outros eixos. Assim, os valores estéticos não excluem os valores científicos, políticos ou religiosos, mas quando erigidos em pólo dominante, permitem aos outros redefinirem-se e redistribuirem-se sobre uma nova escala.

São estes eixos directores, que prefiguram, de algum modo, o sujeito. Na verdade, só há sujeito, se livre e com desejo, consequentemente, individual, apenas. Aliás, esta é a razão pela qual se torna impossível inventariar as colorações significantes, atribuídas por cada um de nós aos tipos-ideais. Mas a interpretação precedente não põe em causa, todavia, nem a particularidade nem a interioridade do sujeito. Permite, ao contrário, situá-lo e considerá-lo de um outro modo: sob o ângulo do compromisso ético. Deste ponto de vista, existir é ocupar o lugar de uma *ordem* de valores, que surge como uma palavra antecedente, mercê da qual se pode tornar sujeito o que lhe corresponde. Seria inexacto deduzir destes considerandos que os valores permanecem imutáveis pelo facto de serem apropriados. Como já se observou, estes desenrolam um horizonte ou enrolam-se em linha espiral. Esta metáforas poderiam iludir-nos, levando-nos a crer que os valores permanecem exteriores ao sujeito. Na realidade, o espaço por aqueles aberto, já está investido por este. E, o que é bem mais: só existe, ao ser atravessado pelo sujeito. Este é alienado pelo sistema dos valores, no sentido simbólico do termo: ou seja, transforma o seu ser em dever-ser, obriga-o a advir como outro.

Compreende-se, agora, melhor, porque a filosofia dos valores implica uma filosofia do sujeito. Aquela homologa, de facto, a divisão, ou, para retomar o termo de J. Nabert, a inadequação, que é constitutiva deste último. É o valor, que funda a inadequação; mas é, igualmente, justo, inverter a fórmula e constatar que é a inadequação, que funda o valor. O primeiro enunciado entende-se do ponto de vista da alienação, concebida como uma determinação ontológica do sujeito: o valor é, então, apresentado como uma ordem. O segundo enunciado entende-se, em contrapartida, sob o ponto de vista da decisão ética do sujeito: o valor apresenta-se como um motivo ou um ideal. O que significa, na realidade, que o compromisso ético pode definir-se como a repetição, no sentido kierkegardiano, da alienação ontológica.[10] A inadequação de valores, aberta pela experiência, deriva da reconfiguração da alienação originária, subscrita pelo sujeito, através das suas escolhas. Consideraremos, em seguida, quatro modalidades desta experiência.

II. As figuras do sujeito

1. O sujeito da ciência – A verdade é um valor, na medida em que traz à cena o *saber*, obra humana, que preside ao nosso modo de habitar o mundo e de usar objectos. O saber designa, neste sentido, o horizonte, que preside à formação dos nossos conhecimentos e que a nossa familiaridade com as coisas ou os produtos fabricados nos faz esquecer. Quanto à verdade, esta desvela o sentido deste saber relativo, oculto pela manipulação. Efectivamente, vivemos num mundo técnico, que nos parece óbvio, mascarando o trabalho científico, que antecedeu o seu apareci-

---

[10] A repetição, neste caso, é a reduplicação, que desloca o sentido, e não o desdobramento em espelho do "mesmo".

mento. Não utilizaríamos os cartões magnéticos, sem a descoberta da electrónica, da informática e da telemática; não disporíamos do rádio-receptor, sem a teoria dos semi-condutores; não veríamos televisão, sem a teoria electromagnética da luz. Assim, o sábio é, aos nossos olhos, a figura deste "eu" científico, que habita, doravante, culturalmente, sem que tenhamos consciência dele.

Os valores da ciência determinam a nossa consciência. Para estes somos convocados pelo investigador, pelo técnico e, prioritariamente, pelo filósofo. Porque existe uma ética da verdade, que consiste em nos lembrar que o saber é trabalho e que este trabalho supõe o perfil de um sujeito trabalhador, no sentido em que o entende E. Jünger.[11] Descartes, e o seu sonho do homem dono e senhor da natureza, Kant e a sua teoria do entendimento legislador, Bachelard, e a sua concepção da ciência entendida como tarefa, que tropeça em obstáculos e ultrapassa os limites, ensinam-nos, cada um à sua maneira, que a verdade é um trabalho sempre em gestação, exercido pelo homem sobre a natureza, para a desvelar como cultura, numa palavra, um trabalho sobre o trabalho. Esta interpretação, como é óbvio, reclama-se de um perfil do sujeito da ciência do qual o sábio é, sem recusa, o revelador, mas que está profundamente incorporado em nós.

Conceber a ciência deste modo é, sem dúvida, relativizá-la, mas igualmente reconhecer-lhe títulos de nobreza. Todo o valor é paradoxal: relativiza o que absolutiza. A ética da verdade, que nos reenvia para um saber compreendido como a produção indefinida de um campo de possíveis, situa-se entre dois excessos bem conhecidos. Um destes, inspirado por Comte e Durkheime, tende a glorificar o progresso científico, como se o avanço das ciências implicasse, automaticamente, um progresso humano. O outro, representado por Heidegger denuncia, ao contrário, a essência da técnica, isto é, o *eros* de um saber que, pela intenção de domínio e omnipotência, que o move, tende a esquecer o sentido do ser, lugar de convergência da linguagem, da obra de arte e da natureza: acontecimento, que constitui a humanidade do homem. Husserl situa-se a boa distância entre estas duas tendências, recordando que a ciência é um empreendimento em si neutro, para o melhor ou para o pior, dependendo de ser ou não posta ao serviço da realização dos valores espirituais, inscritos e depositados na nossa cultura ocidental.

---

[11] Ernest Jünger é o autor de um ensaio intitulado: *O Trabalhador (Der Arbeiter)*, no qual Heidegger viu a apologia do triunfo da subjectividade.

2. **O sujeito da arte** – Uma outra experiência da verdade, a experiência estética, proporciona-nos, igualmente, uma prefiguração do sujeito dos valores. Há que abandonar o campo do "fazer" técnico e entrar no mundo do "fazer" artístico. Mas, apesar disso, permanecemos no mesmo mundo comum, do qual exploramos uma nova dimensão. Como o "eu" científico se descobre na retaguarda do universo das nossas manipulações, também o "eu estético" se apresenta afastado relativamente ao mundo das sensações. A obra de arte quebra a familiaridade com o vivido, para nos introduzir na estranheza da vida, que recompõe, segundo figuras inéditas. Convoca-nos ao desconhecido, que nos assedia, à alteridade, que nos habita. As cores do quadro traem as cores da natureza, os sons da música desmentem os da voz, as palavras do poema jogam com a arbitrariedade do signo, negando as suas referências em proveito das diferenças. Não é mais o quotidiano a nossa morada, mas o instante de um fascínio, de uma fulguração... O sinal converte-se em índice: de espelho da realidade, torna-se traço de um acontecimento, emergência do próprio sentido...

Como o trabalho científico, a obra de arte é um valor. Poder-se-ia ilustrar este paralelismo, insistindo no carácter estético da teorização científica. Mas, se o génio de ambos é idêntico no plano formal, já assim não é no plano do conteúdo. De facto, a verdade relativiza o saber empírico, em proveito da experiência de um saber escondido, que nos permite participar na génese das coisas. Porém, na obra de arte, este saber não é utilitário: é gratuito. Aparece, não sob uma perspectiva económica, mas sob uma perspectiva enigmática: oferece-se, exclusivamente, para proporcionar prazer. O artista não se interpreta, enquanto tal, como correspondendo a uma encomenda ou a um pedido. E, desse modo, radicaliza esta des-singularização ou esta desistência do "eu", que preludia o advento do "eu artístico". Reenvia-nos a uma angústia constitutiva, ao passo que o sábio se empenha inconscientemente a geri-la, graças às explicações, que constrói.

O valor da obra de arte comporta dois aspectos específicos. Inaugura, em primeiro lugar, um novo modo de encontro com outrem. O escritor dirige-se sempre a um leitor, suposto ou real; o artista a um espectador possível. Este aspecto relacional é uma primeira determinação ética. A exemplo da ciência, a arte constitui uma componente essencial do mundo-em-comum; mas, diferentemente desta, implica um "dirigir-se" a alguém. É, em si, diálogo, encontro, interpelação. Todavia, esta determinação ética inclui uma segunda característica mais radical, que funda, em rigor, a partilha em causa: depende da experiência do sublime. Como Kant mostrou, esta experiência, que abrange a experiência do sagrado, tem por finalidade a recriação de uma outra natureza. Arrastada pela imaginação até aos seus limites, a razão cai impotente. Sem controlo sobre as criações imaginárias, assiste, então, à inversão deste movimento. É que, súbito, o que a imaginação a par da razão criara, parece refluir para o sujeito, como que provindo de um além. É bem, no horizonte do sublime, que o sujeito encontra outrem. O artista e o espectador são cúmplices desta nova criação, mercê da qual o outro mundo vem até eles. O sublime enraíza a intersubjectividade num gesto comum de criação.

Poder-se-ia expressar esta dupla experiência, recorrendo à categoria do símbolo. O símbolo, diferentemente do signo, não é uma representação de objectos, é a marca de um reconhecimento, que funda uma comunidade de pontos de vista e de desejos. Mas sela uma tal aproximação, por um reenvio a um "outro lugar", que transcende os sujeitos interpelados. Realiza uma dupla ultrapassagem. Rompe com a ordem do signo, que reflecte o real, desloca o sentido do reconhecimento para o espaço comum de uma demanda de transcendência. É, deste modo, que, aqueles que o símbolo une, consentem em fazer o luto de uma certa interpretação da realidade, a fim de procurarem a sua identidade na experiência do sublime. É o envio ou reenvio, que funda a chamada ou o encontro. O artista esforça-se por figurar a hipérbole, que distende o símbolo, para melhor o articular.

3. **O sujeito da religião** – Como o "eu-esteta", o "eu-religioso" descobre-nos a estranheza da nossa condição, mas desta vez de um modo radical. A experiência do sublime é a do sagrado, na medida em que a visibilidade primeira descobre a diferença entre o espaço habitado e o perceptível e, só depois, que este último se nos impõe, sem que o tenhamos construído. Porém, a experiência religiosa não se detém nesta contemplação por mais vertiginosa que seja. Antes, dessacraliza o espaço sacral, nomeando-o. O sublime apaga-se, face à figura escondida de um Nome, que se revela. Entramos no domínio do paradoxo, que exprime a lógica do face-a-face.[12] O sentimento de estranheza dá lugar a uma interpelação. Apresenta-se uma nova possibilidade de relação: o Todo-Outro, este outro,

---

[12] É esta lógica que Levinas transpôs para o domínio da relação com outrem. Compreende-se, assim, melhor "o ateísmo", que está pressuposto na epifania do rosto.

que não é parte do nosso mundo, avança frente a nós. Que a palavra, dirigida por Deus ao crente, esteja na origem de novos valores, torna-se compreensível, precisamente, porque esta é menos uma resposta dada a um sujeito com problemas de identificação do que uma pergunta que, segundo a expressão de Levinas, constitui "o inaugurar de uma perturbação incontrolável".

Também aí, o "eu-religioso" como o "eu-sábio" ou como o "eu-esteta", surge no horizonte de um mundo-em-comum. É a figuração de um conjunto de discursos e de práticas, inspirados por uma rede de crenças. A este título, é portador de valores, que se exprimem em proibições, rituais e narrativas. Mas estes elementos, que representam um sistema de valores, permanecem factos, enquanto o sujeito não os reduplicar, no sentido kierkegaardiano do termo, isto é, não consentir em se deixar transformar por eles, a ponto de se transfigurar na figura de ressonância da sua crença e de chegar a ser em conformidade ao que anuncia.[13]

Assim, de um ponto de vista exterior, aqueles são considerados factos, mas tornam-se valores para o crente, que os ratificou e os ratifica, graças a uma sempre possível renovação do compromisso.

4. **O sujeito da política** – Imerso na prosa do mundo, o "eu-cidadão" obedece, quanto a si, aos eixos directores da vida sócio-política. Eixos, que veiculam normas e constrangimentos, cristalizados em máximas, regras ou enunciados, mas que, em virtude das proibições, que implicam, formam um tecido de valores, que regulam as relações humanas à volta de pólos muitas vezes invocados, tais como os da democracia, da liberdade, da rectidão ou da verdade. Obviamente, estes eixos, assim diferenciados, que compõem o perfil de uma axiologia, não serão, em rigor, valores éticos, a não ser na medida em que o sujeito os apropria. Este gesto de apropriação não poderia, contudo, efectuar-se, sem corrigir ou sem reinterpretar as referências sobre as quais se apoia. Há um abismo entre as teorias sobre a democracia e a democracia vivida. Se o cidadão, apenas, se torna sujeito, ao limitar os seus desejos em proveito da vontade geral, como o demonstra Rousseau, ele não deixa intactas as normas, que respeita. Pois, mesmo sem contestar a vontade geral e a sua prioridade, entra em conflito com aquelas. Em suma, tal conflito tem como resultado o

---

[13] S. Kierkegaard, *Le Journal*, 1848, Paris, Gallimard, t. II, IX A 208.

transformar as normas em valores. O sujeito encontra diante de si fronteiras, mas, ao deslocá-las para as inverter em limites[14], converte-as em referenciais.

III. O Fundamento

1. O modelo kantiano

a) Estas diferentes figurações são os perfis do sujeito ético, que só passa a existir, quando inscrito no horizonte do mundo-em-comum. De representações, os valores tornam-se, então, *fins*. Assim, aparecem, em primeiro lugar, como esboços ou contentores, que o sujeito prepara, selecciona e redistribui, para se dar uma passagem e abrir um caminho. Esta transformação explica-se, facilmente, com a ajuda dos esquemas kantianos. O mundo-em-comum, do qual descrevemos alguns aspectos, abrange o mundo teleológico, que se situa, para Kant, entre o mundo fenoménico do conhecimento e o mundo simbólico da moralidade. Como se sabe, aquele tem o seu fundamento no *juízo estético*, que se exprime no gosto, este sentido estético comum, que nos permite experimentar o acordo entre uma imaginação esquematizante sem conceito e um entendimento livre, testemunho de uma legalidade puramente formal. Como valor, o belo é o produto do livre jogo das nossas faculdades. Mas o juízo estético não se limita a esta apreciação do senso comum: ele eleva-se até ao sublime; aqui, o acordo transmuda-se em discordância. É a razão, que, ao dobrar a imaginação, recria a natureza sob a forma da ideia da imensidade da natureza e que condena a imaginação a um trabalho de figuração negativa. O belo é a experiência de um livre acordo; o sublime, a de um desacordo, diferindo, indefinidamente, o acordo entre aquelas duas faculdades.

b) Para além do juízo estético, que dispõe as figuras do belo e do sublime, o mundo dos fins supõe o *juízo teleológico*, que reúne o simbolismo da natureza e o simbolismo na arte. O primeiro apresenta-se sob o modo de uma transgressão do entendimento, pois que o conceito se surpreende a desempenhar a função de ideia da razão. Assim, a verdura da paisagem aparece como símbolo, a partir do momento em que não se determina

---

[14] A fronteira deixa diante dela um espaço de saber inexplicado, enquanto que o limite traça a fronteira entre o saber e o não-saber. Ora, é o não-saber, que transforma o saber em valor.

mais esta cor ou esta paisagem colorida com a ajuda de um conceito do entendimento e a passamos a referir a uma Ideia da razão, na ocorrência o "verde" da esperança, que, mesmo no Inverno, ilumina a vida. Funciona, então, como uma analogia do verde empírico, que com os seus cambiantes dá cor às árvores, aos prados e aos silvados. Quanto ao simbolismo na arte, subverte a hierarquização das faculdades, que pressupõe o simbolismo da natureza. Não é mais a razão que sobreleva o entendimento, é o entendimento que cria, de algum modo, a intuição de uma outra natureza.

O simbolismo natural articula-se sobre a Ideia racional, espécie de conceito de uma outra ordem, ao qual nenhuma intuição se adequa; enquanto o simbolismo artístico, próprio do génio, reenvia à Ideia estética, obra da intuição de um entendimento, que funciona sem conceito. A existência de uma interacção entre o simbolismo natural e o simbolismo do génio é algo, que, de facto, não pode deixar de se admitir. A Ideia estética, própria do génio, ao reclamar uma intuição quase criadora, visualiza o inexprimível de que a Ideia racional dá testemunho.

Assim, o gosto, saído do acordo formal entre o entendimento e a imaginação, faz parte dos valores; ao lado do sublime, que manifesta a transgressão da imaginação pela razão; ao lado do simbolismo natural, que decorre do transbordo do entendimento pela razão; ao lado do simbolismo artístico ou génio, que exprime, ao invés, o ajustamento da intuição do entendimento à ficção da razão. É bem, segundo Kant, o génio, que constitui o paradigma de todo o valor, porque exprime o carácter inesgotável do simbolismo natural e confere ao sentimento do gosto um suplemento de alma, que o vivifica e anima. Ao suscitar a intuição de uma outra natureza, aquele explicita a hipérbole no símbolo e permite-nos entrever, sob o modo de uma antecipação desmedida, um acordo possível entre todas as faculdades. A hipérbole, linguagem do génio, desdobra o horizonte de um encontro intersubjectivo sob a base de uma superação de si, que é o sentido mesmo das experiências do gosto, do sublime e do simbolismo natural: o de serem os símbolos do Bem.[15] Assim, o juízo estético e o juízo teleológico atestam uma finalidade que, na perspectiva do primeiro, é interna às faculdades, que procura acordar entre si; e, na perspectiva do segundo, que explicita a organização da natureza ou do ser vivo, lhes é exterior. Dupla finalidade, que é o símbolo da Lei moral, impondo-se como fim.

---

[15] E. Kant, *Critique du jugement*, Paris, Vrin, 1960, Trad. Gibelin, p. 120-167. Sabe-se que a teoria do simbolismo, que aparece nestas páginas, tem um primeiro esboço no apêndice à *Dialéctica da Crítica da Razão Pura*, ao tratar da analogia.

Tudo se passa, como se o domínio das finalidades fosse a expressão antecipada de um fim a realizar na história. Ora, o homem situa-se na junção destes dois planos, estético e ético, pois que é, graças à sua liberdade, o objectivo final da criação. O que significa que ele é, pelas suas faculdades, o autor de finalidades, ou seja, valores, porque é o sujeito da Lei. Mas, não se tenha qualquer dúvida, o acordo das finalidades excede o das leis naturais. Realiza-se na história da sociedade humana, cuja harmonia progressiva é o símbolo privilegiado da encarnação da Lei moral. Obviamente o sujeito ético é, antes de mais, o génio, que cria a ordem de uma outra natureza, ao ser o autor da obra de arte e desta outra obra, que é a história. Eis, como os valores se organizam numa hierarquia de finalidades, das quais cada plano reenvia a um outro, a despeito da sua heterogeneidade: a beleza é o símbolo do Bem, que se inscreve na história. Assim, aqueles têm o seu fundamento na Lei que, sendo a razão de ser do homem, objectivo final do universo, se refere, em definitivo, a Deus, fim último. Como se presume, a Lei aparece como traço de união entre a teleologia, na medida em que é o homem que a cumpre, e a escatologia, na medida em que esta se realiza em Deus. O sujeito ético ocupa, de facto, uma posição paradoxal: é, ao mesmo tempo, independente, em virtude da Lei, que a si mesmo se dá, mas também dependente, pois que esta Lei a recebe como uma Palavra do Outro. Encontra, assim, a sua justificação tanto em si como fora de si.

2. **O modelo de Nabert** – Aparece, no pensamento de Nabert[16], um modelo análogo, que se afasta, todavia, de o de Kant, na medida em que permanece fundado sobre a interioridade da afirmação da consciência reflexiva. A consciência, com efeito, como acto e produção, existe nos signos, que a representam. Deste modo se revela ao entendimento, que interpreta o seu percurso como uma sequência de significações. Mas, se remontarmos ao princípio mesmo da afirmação em si, encontramos, não signos, mas *motivos*, isto é, esboços de operações, que constituem, para falar como Bergson, o fluxo da consciência. É evidente que o motivo joga no plano de uma dupla causalidade: uma, que se poderia qualificar, sem

---

[16] J. Nabert, *L'expérience intérieure de la liberté*, PUF, 1924. Ver sobre Nabert: P. Ricoeur, L'acte et le signe selon J. Nabert, in *Conflit des interprétations*, Paris, Le Seuil, 1969, pp. 211-221.

trair o pensamento de J. Nabert, de estrutural ou axiológica e que o assimila ao motor da génese do acto; a outra, de tipo psicológico, que o traduz na linguagem do signo. Ora, é do signo, que induzimos, embora não de imediato, o perfil de uma motivação anterior, ordenando o processo da afirmação de si. Ilusão retrospectiva de uma consciência, que redobra em motivo o desdobramento operado pelo signo no campo da representação, enquanto que, na realidade, o motivo é imanente ao acto da consciência.

Porém, se o motivo se encontra convertido em signo, deve-se não só à recaída fatal na representação, mas também ao inacabamento do acto da afirmação da consciência. Tudo se passa, como se a consciência, com a ajuda do signo, medisse o trabalho já feito e o trabalho que aguarda a sua realização. A representação surge de uma divisão, que tenta anular, sem o conseguir, porque exprime a nossa intrínseca desigualdade e inadequação a nós próprios. Deste modo, obriga este acto inacabado a refluir, retrospectivamente, para um lugar de tensão entre o pólo originário idealizado e o pólo finalizado. Ora, esta transposição é a condição da emergência do valor. O valor é bem a representação que, ao reflectir o ideal, permite à consciência assinalar-se. É, pois, o fruto de um desdobramento, que opera sobre a inversão dos pólos da origem e do fim, mas também de um redobramento, uma vez que reenvia ao que reflecte. É o perfil de um sujeito em tensão, que determina as características dos valores. Estes são, em primeiro lugar, paradoxais, pois que indicam o lugar e o não-lugar da consciência, marcando o momento do seu aparecimento e o da sua dissimulação. São, em seguida, objectivos, porque decorrem de uma síntese efectuada entre o poder puro da liberdade e a razão normativa produtora de signos. Exprimem, sob este ponto de vista, as resistências, que a razão opõe ao desejo. Mas permanecem, todavia, subjectivos, porque é o desejo, que se exprime através e ao encontro das normas, que opõe a si mesmo. Como os motivos, aos quais se substituem, os valores são as configurações de uma tensão entre as normas da representação e o ideal puro, pressuposto como lhe sendo exterior.

Pensado, primeiramente, como motivo, depois como signo, o valor é, por último, interpretado como um *símbolo*.[17] De figura degradada da origem e de figuração conflitual do acto originário, torna-se o símbolo de

---

[17] J. Nabert, *Eléments pour une éthique*, PUF, cap. VI (1943).

um mundo-em-comum, que, como em Kant, reconcilia natureza e liberdade, sob o terreno da história. J. Nabert crê ultrapassar, por esta via, um duplo ponto de vista: o da exterioridade da causalidade psicológica e o da normatividade ética. Os pressupostos, que determinam a posição do sujeito, permanecem os mesmos: só muda a significação. Por um lado, a consciência tensa entre o seu "querer-viver" e a imperfeição deste, atestado pela falta, o fracasso e a solidão, faz a experiência de situações limites, que desempenham o papel de imperativos categóricos. Por outro lado, os valores, que se inscrevem no desvio desta tensão, apresentam-se, não somente como instrumentos da reapropriação de si, mas também como utensílios, que permitem a instituição de um mundo-em-comum. Resulta daí, que o ideal, entendido como exterior à consciência, apareça, finalmente, como uma construção única, provocada, não por uma ilusão da representação, mas por uma ausência das suas criações.

O modelo do sujeito, tal como J. Nabert o desenha, aproxima-se de o de Kant. Em ambos, encontramos a mesma experiência de inadequação, de superação e de simbolização. Aliás, é o valor que assegura a função mediadora entre a liberdade e a razão, o desejo e as produções. Mas, diferentemente de Kant, a consciência originária de si pode ser elucidada por uma análise reflexiva. A divisão é, ao mesmo tempo, a prova de um duro labor e a ocasião de uma "realização", que permanece interior ao sujeito, que a sofre. Aquela não preside ao princípio constitutivo de si, à semelhança da Lei kantiana, eco de uma palavra antecedente, que faz emergir o sujeito a partir de uma rotura inauguradora. Ao contrário, é a experiência da finalidade, que funda a ética e abre o sujeito à exterioridade de um sentido de que não é o autor.

3. **Revisitação da Problemática**

a) A ambiguidade do fundamento – Os dois modelos, anteriormente citados, têm em comum o evidenciar a inadequação, que divide o sujeito, ou, ainda, embora sob dois aspectos diferentes, a *relação ao Outro*, que lhe está na origem. Ora, é esta abertura, que sem ser em si mesmo valor, se encontra, todavia, na origem do valor. Representação arquetípica, figuração ideal, ou mesmo determinação de uma significação radicalmente subjectiva, seja qual for a forma sob a qual o concebamos, o valor emerge desta abertura, a fim de a colmatar. Logicamente, que este é um objectivo inalcançável: a divisão do sujeito não tem a ver com o valor, uma vez que lhe vem do Outro. Além disso, o paradoxo, que define o valor, indica-lhe a função e os limites. A relação ao Outro reenvia o sujeito às suas raízes, que se desenvolvem no espaço aberto por uma rotura. O valor figura, sob os modos simbólicos, acima referidos, este desvio fundador e, simultaneamente, apresenta-se como o meio de o colmatar, mas também de o fazer ressurgir, na medida em que não o consegue dominar. É, pois, o trabalho do desejo, que o valor encena; quer seja a diferença, que funda a identidade, quer seja a identidade, que se não cumpre, a não ser mercê de uma identificação jamais conseguida.

Na realidade, é a relação problemática ao Outro, que se apresenta como decisiva. A pergunta a fazer é dupla: quem é, com efeito, este Outro e qual é a sua função? É o segundo enunciado, que, em nossa opinião, preside ao primeiro. Atenda-se, desde já, a que o Outro, porque escapa à apreciação do sujeito, não é um valor. No limite, considerar o Outro como valor é destruir-lhe a alteridade. É incontestável que as críticas dirigidas à filosofia dos valores visam preservar o estatuto da alteridade, afirmada de um modo imediato em Levinas, de um modo diferido em Heidegger, enfim, de um modo paradoxal em Nietzsche, para o qual o Outro não passa da figura de um sujeito, que denega as suas capacidades de afirmação.[18]

Razão pela qual o fundamento do valor não pode ser ele mesmo valor. A distinção de Levinas permanece no horizonte desta articulação. O valor, que realiza a necessidade, ganha forma no domínio da economia, enquanto que aquele, que ajusta o preço, não poderia ser objecto de uma avaliação, pois deriva do imperativo do desejo e, consequentemente, da relação. Sem o *desvio*, mantido entre o valor e o seu princípio, não haveria um diálogo, nem questionamento, nem liberdade. É, porque o valor do valor não é um valor, nem mesmo Deus, que o sujeito tem a possibilidade de se situar fora de todo o totalitarismo racial, religioso, cultural ou moral. O fundamento do valor transcende o preço, que o sujeito lhe atribui. Assim, dizer, com Pascal, que a verdade sem a caridade é um ídolo, equivale a reconhecer que a caridade, que confere à verdade um preço, em si mesma não tem preço, porque está fora de todo o preço.[19] O sujeito desabrocha na margem limitada pelo valor e o que o transcende, ou, ainda,

---

[18] Voltaremos a esta questão, no capítulo seguinte.
[19] Pascal, *Pensées*, Brunschvicg: 585, Lafuma: 449.

mercê da visada infinita da consciência e a sua intencionalidade concreta. Contrariamente a certas teses religiosas ou económicas, o fundamento, do valor é um não-valor. Mas, se este se situa fora do valor, não quer dizer, que não tenha valor. Compreende-se que a ontologia, que é o discurso do mesmo sobre o mesmo, só pode articular os valores no âmbito do ser ou de um ser supremo, erigido em valor dos valores. Em contrapartida, a ética, que é o discurso do Outro, subvertendo o mesmo, não pode justificar os valores a não ser ligando-os à relação interpeladora do Outro, qualquer que seja o seu perfil. Regressaremos no capítulo seguinte, a este ponto essencial: fundar os valores é, ao mesmo tempo, determinar as possibilidades e os limites de toda a reflexão sobre estes.[20]

b) As figurações – Posto isto, resta definir o aquém e o além da margem evocada. Aquém, encontramos as figurações do fundamento, de que as duas principais são a linguagem e a cultura. Além, aventuramo-nos no espaço de um princípio que, na medida em que não deriva do mesmo registo daquilo que funda, se apresenta como anárquico. Falamos do mundo da escrita, que é também o da palavra.

Será necessário um laborioso desvio teórico para recordar que a linguagem é não só a morada do ser como a dos valores? Sem dúvida, que esta asserção parece contradizer o propósito explícito de Heidegger. Porém, não somos obrigados a dar, de imediato, o nosso aval às afirmações peremptórias do filósofo, sem primeiro as situar e interpretar. O ser heideggeriano comporta duas faces irredutíveis. Uma, propriamente ontológica, que refere a verdade do Ser *(die Wahrheit des Seyns),* isto é, a experiência do sentido como temporalidade e nada, escapa, sem sombra de dúvida, à visada axiológica. A outra, todavia, de estilo "ontopoiético" ou "hestiológico", que exprime a maneira pela qual o homem se compreende no espaço simbólico da linguagem e da língua, abre-nos para a dimensão do mundo dos valores.[21] A linguagem não se reduz ao enunciado, que manifesta o eixo locutivo dos signos, exprimindo um conjunto de referências codificadas. Mas, introduz-nos também no mundo interlocutivo das signi-

---

[20] Heidegger, *L'être essentiel d'un fondement ou raison*, em *Questions* II, Paris Gallimard. O autor, ao situar a liberdade no princípio da razão, desenvolve as conotações do fundamento, que é, segundo ele, "impulso", "privação", e "motivação". A motivação, princípio dos valores, provém da questão do ser.

[21] Ontopoiético, isto é, fundado sobre o símbolo. Hestio-lógico reenvia a Hestia, deusa do lar.

ficações: o do discurso, que designa, ao mesmo tempo, a organização lógica, que preside à expressão do mundo comunitário e o horizonte imaginário, que duplica, de algum modo, no plano do dito explícito, o dizer desvelado sobre fundo de velamento. O discurso mergulha-nos numa comunidade linguística de valores comummente partilhados. Porém, é obvio, apenas, se produz através de uma palavra diferida ou actual, que emitida ou proferida por um sujeito, transforma em símbolos as significações. Assim, evocar o aniversário de uma festa nacional é, sem dúvida, referendar um acontecimento real, mas também convocar a lembrança deste acontecimento presente nas retenções, que constituem o não-dito do discurso. A tomada da Bastilha é o acontecimento prosaico do 14 de Julho de 1789, mas este acontecimento permanece para sempre preso a uma áurea imaginária, com que, a justo título, se investiu este acontecimento histórico. Finalmente, evocar este aniversário é assumir a sanção simbólica, que lhe foi outorgada, de modo que a liberdade e a libertação, que representa, não cessem de se realizar. Como se compreende, ao passar do signo ao símbolo, pela mediação das significações, entramos progressivamente no mundo dos valores.[22]

A linguagem circunscreve o espaço da comunicação. Mas desenvolve também o meio de ressonância de uma identificação, que deriva da *linguagem maternal*. Efectivamente, é, no interior desta, que o sujeito se afirma, apropriando-se dos símbolos, que converte em significantes. Língua e linguagem são, pois, os lugares de habitação dos sujeitos falantes, o meio de partilha de valores. Mas, sabemo-lo, falar equivale a exprimir a escuta, que cada um faz da sua língua materna. Ora, é a partir desta escuta, mesmo diluída, que os locutores se encontram. Não é exagero dizer que toda a comunicação linguajeira se resume a verificar a pertença dos sujeitos falantes a uma mesma comunidade de valores. Indubitavelmente, porque os processos referenciais se situam tanto a montante quanto a jusante da linguagem. De facto, tal como a teoria pragmática de Austin, sobretudo, os determinou, os caracteres intencionais são essenciais à comunicação. Mas é, antes de mais, na base de diferenças inscritas na língua e na linguagem, que o locutor significa e designa. Não é, pois, extravagante sublinhar que a comunicação da mensagem se efectua, mercê de uma partilha de valores.

---

[22] Ver J. P. Resweber, *La philosophie du langage*, Paris, PUF, «Que sais-je?», 1990 (3.ª ed.)

A cultura, já atrás referimos, é um lugar portador de valores, verdadeiramente privilegiado. Esta excede a língua e a linguagem, uma vez que confere aos símbolos uma extensão, que ultrapassa o ponto de vista linguístico. Circunscreve um horizonte onde as palavras coabitam com as regras jurídicas, os utensílios e os objectos técnicos. Os valores cobrem, neste aspecto, o sistema destes símbolos, que a cultura erige em normas, isto é, em representações de fins. Porque os símbolos são, sem dúvida, os signos de uma mesma pertença a uma comunidade cultural. Porém, instituem este mútuo reconhecimento sob o modo de um reenvio, que é, por assim dizer, o eco da sua estrutura hiperbólica. O reconhecimento simbólico efectua-se sobre um fundo de transcendência: os sujeitos descobrem a sua pertença a um "mais além" de um mundo de valores comuns, embora não explícito. Tal é a figura complexa do paradoxo, que estrutura o símbolo: por um lado, este aproxima os sujeitos sob o fundo de uma diferença, que a hipérbole representa; por outro, ao aproximá-los, recorta esta diferença sob a forma de uma pertença exclusiva a uma comunidade específica, que separa radicalmente de outras comunidades. É esta passagem de uma diferença a outra, que balizada e gerada pelos símbolos, converte em finalidades e, consequentemente, em valores as representações culturais disponíveis. Mas, como é obvio, uma tal mutação só é possível através das decisões dos parceiros de uma mesma comunidade cultural.

Poder-se-ia encontrar para estas duas dimensões da linguagem e da cultura um mesmo fundamento na *escrita*. Os valores mergulham as suas raízes nestas inscrições ou, mais exactamente, nestes depósitos de visadas e de intencionalidades, análogas ao que Freud chama os primeiros escritos *(Niedenschriften)*. Porém, enquanto tais, situam-se aquém ou além da escrita: sobre a cena da relação ao Outro. Tal cena não escapa ao gesto da escrita, mas este não poderia abarcá-la. Os valores, com efeito, não existem sem um acto de apropriação, diremos, sem o gesto de uma narrativa, que reporte, desconstruindo e reconstruindo, as significações anteriormente estabelecidas. Nenhuma escrita, nenhuma re-escrita, sem a passagem pela margem, que, na escrita, é a marca de uma exterioridade, o índice de um reenvio. O valor está na experiência deste envio, que só o é, porque reenvia à origem ausente. Ora, este envio final, que repete e desloca o envio original, seria adequadamente traduzido pela categoria de índice. O que se indica, efectivamente, no índice, mas sob a figura de um fim, é a origem. Tudo se passa como se o valor fosse o índice da conversão da origem em fim. Assim, o que já foi escrito, não cessa de se escrever.

Se reflectirmos sobre tudo isto, leremos, nos lugares interrogados: os da linguagem, da cultura e da escrita, um mesmo gesto teleológico, que se manifesta a partir de uma falta, de uma ausência e de uma rotura. Na língua, nós fazemos a experiência do silêncio, que se ouve ecoar nas palavras; na cultura, confrontamo-nos com as interdições fundadoras, cuja troca simbólica testemunha os limites; e, na escrita, convivemos com a margem, que figura o duplo jogo do silêncio e do interdito. É este o espaço, onde se desenha o perfil teleológico dos valores. Mas este último não poderia calibrar o sujeito ético, tal como nós o figuramos, na relação com o Outro. Não conviria, então, operar uma última viragem e ler, no envio, a marca de um apelo; no jogo das finalidades, a marca de um fim; na margem, o jogo de uma passagem entre o Mesmo e o Outro?

SEGUNDA PARTE

PROBLEMÁTICA DOS VALORES

CAPÍTULO IV
A CRÍTICA DOS VALORES

É em nome de uma concepção do sujeito, que a crítica dos valores se desenvolve. Mas, nesta encruzilhada, há que distinguir duas direcções principais. Uma, ilustrada por Nietzsche, Marx e Sartre, reivindica a imagem de um sujeito produtor de sentido. Deixa intacto o modelo da subjectividade, que pressupõe. A outra, ilustrada pela corrente da psicanálise e pela filosofia de Heidegger, em vez de questionar, quando protesta a liberdade do sujeito, o horizonte da sua própria afirmação, introduz a dúvida no seio mesmo do sujeito. A primeira orientação, não denuncia o princípio ou o fundamento da axiologia: é a concepção dos valores, que é invertida. A posição do sujeito, individual ou colectivo, encontra-se, inclusive, particularmente reforçada. Em contrapartida, na segunda orientação, é a ideia de uma subjectividade legisladora e erigida em norma fundadora de vida humana, que é relativizada, desconstruida e, consequentemente, afastada em definitivo. O problema dos valores, assim deslocado, apaga-se diante de uma questão mais radical, que ocultava, ou, antes, coloca-se em termos diferentes, tendo em consideração o descentramento da subjectividade.

I. O SUJEITO FUNDADOR

1. **A Inversão dos valores: Nietzsche** – A crítica nietzschiana permite duas abordagens. A primeira conduz a uma viragem decisiva da visão socrática, que substitui a contemplação das ideias pela realidade. Denuncia a *ilusão linguajeira*, se não gramatical, que opõe o sujeito concreto ao predicado universal.[23] Esta dissociação, quase inconsciente, implica, como se sabe, o jogo de uma relação de forças, que depõe o sujeito do seu poder, em proveito da Ideia, cujo predicado, hipostasiado e absolutizado, se torna o símbolo. Tal é o mal-entendido, que provém da interpretação platónica da proposição. Não é mais o sujeito que "compreende" o predicado, mas é

---

[23] F. Nietzsche, *Généalogie de la morale*, 14.

o predicado que "compreende" o sujeito. Deste modo, desapossado das suas capacidades, o homem sacrifica a sua vida na demanda de ideais, que resultam da denegação do sentido, de que é o autor, e de uma demissão do seu desejo. Protesta o seu ressentimento, depois de testemunhar a sua má fé.

É, pois, efectivamente, a *crença*, que alimenta esta ilusão e este mal-entendido. A segunda abordagem da crítica nietzschiana passa por uma crítica da moral, inspirada pelo querer-dizer. Nós tomamos as palavras pelas coisas, porque conferimos à gramática um poder mágico, que ele não poderia deter: o de produzir a verdade. Quem não percebe que este desejo de verdade, que mobiliza a investigação do filósofo e do cientista, anima também o caminho do crente? Não é, efectivamente, o nosso instinto moral, que ergue o altar a este ídolo, em que a verdade se tornou? Em vez de abarcar o campo do olhar, em vez de medir o espaço de uma perspectiva ou de sublinhar os contornos de um perfil oferto à percepção, faz-nos crer numa realidade escondida, que as nossas piedosas investigações virão, um dia, a alcançar. Não só nos faz ver as coisas, sob a modalidade de absoluto, através do prisma deformante da linguagem, como, também e sobretudo, transforma esta modalidade em realidade. Por uma espécie de comédia interior, que desempenhamos para nós mesmos, transformamos, subrepticiamente, o modo incondicional numa figura incondicional, mercê do que julgamos atingir o sentido das coisas. A linguagem da gramática encontra-se interpretada pelo nosso instinto moral, que absolutiza a liberdade. Como Kant o mostrou, não sem dificuldades, é, sob a égide da moral, que a teologia desenrola a cena da verdade.

É esta dupla ilusão, mantida pela gramática e pela crença, que está no princípio do *niilismo*, termo que designa, precisamente, o sistema dos valores. Sair de um tal sistema é algo extremamente difícil, a não ser invertendo-o, isto é, diagnosticando-o para o lançar na conta do sujeito desapossado. O niilismo designa a emergência do desvio entre a realidade e a ideia, que permite a emergência da ideia de valor, isto é, de um ideal a conquistar. Mas este desvio é susceptível de múltiplas variações: se o ideal é ilusório, é provável que, por um lado, seja desestabilizado no decurso da sua história, e que, por outro, cedo ou tarde, seja substituído por ideais mais adaptados às aspirações mutáveis de um desejo, que ceda a si próprio. Então, assistiremos a deslocamentos internos ao sistema, que de positivo se torna negativo, degradando-se, depois, incompleto e à procura de figuras de substituição, como as da música wagneriana ou as da democracia... Nietzsche pretende denunciar não só o perfil dos valores, mas o lugar estratégico, onde se produzem. De nada serve corrigir a tipologia, se a tipologia, de que se reclamam, não for deslocada. Ora, o lugar de toda a avaliação é o sujeito, que afirma o poder da sua vontade na eterna repetição do instante. Abandonamos, então, o sistema do niilismo teórico, para nos comprometermos na experiência de um niilismo criador, que é a alavanca de toda a inversão, porque o lugar do sujeito vivo. Assim, a genealogia nietzschiana coloca-nos sobre a linha de um novo início, onde o homem se descobre só face à sua vontade.

As maiúsculas com que revestimos os valores são o sintoma do esmagamento do sujeito humano. Pouco importam a verdade, a liberdade, Deus ou mesmo a vida, se não houver homem livre, homem verídico, homem confiante na sua força, homem vivo. A operação de inversão nietzschiana pretende mostrar que o nada inerente aos valores e o próprio nada de todo o valor escondem ao sujeito o nada mobilizador e criativo, que preside à decisão da sua liberdade. Um tal nada é, com efeito, análogo ao "nada", que os teólogos concebem como sendo a condição necessária à eficácia do acto divino de criação e da condição de criatura do homem, cuja finitude resulta de uma participação simultânea no ser e no nada. Nada hipotético, nada tético ou participado, tais são os dois pressupostos, que Nietzsche recusa. O sujeito, só pelo facto de existir, é auto-afirmativo. Este faz a experiência do niilismo consumado: o do nada hipotético, que, de privilégio do Deus-criador, se torna doravante o do homem-criador, do super-homem.

2. **A revolução dos valores: Marx** – Encontra-se, em Marx, um esquema semelhante. Análogo ao ideal separado da vida do sujeito, o *capital* subsiste como um valor morto, não referido ao sujeito, que contribui para a sua génese e a sua expansão. É constituído por um legado, que, na realidade, não é propriedade de ninguém: nem do herdeiro, que o recebeu por transmissão, nem do trabalhador, que, não o tendo produzido, o considera um utensílio. Todavia, aquele vai buscar o seu valor ao trabalho do operário, que não somente lhe confere uma finalidade, mas que, além do mais, participa no seu crescimento. A mais-valia de que é o autor, em vez

de lhe ser atribuída, vem aumentar a massa morta do capital.[24] Também o capital, a exemplo dos ideais, se encontra comprometido num duplo processo de avaliação automática e fantasmática. Por um lado, é, artificialmente, sobrevalorizado no decurso do tempo, por outro, é, graças ao trabalho, realmente aumentado, acrescido ou hipostasiado em absoluto.

Ninguém ignora que a crítica marxista incide sobre o fetichismo do dinheiro[25] e da mercadoria, que aliena o trabalhador, privando-o de obter o justo preço do seu trabalho e submetendo-o às leis totalitárias da troca. Assim, o capital segue a mesma evolução, que os valores ideais destronados por Nietzsche. O sujeito, desapropriado dos seus predicados ou do seu trabalho, encontra-se paradoxalmente condenado a reivindicar estes, sem nunca encontrar satisfação. Como o niilismo, o capitalismo degrada-se progressivamente e a mais-valia, mesmo partilhada, não poderia, tal como os valores substitutivos do niilismo negativo e incompleto, libertar o sujeito da exploração ou da opressão da qual é objecto. Não insistamos mais sobre a lógica, que sustenta analogias tão significantes.

A diferença essencial entre a crítica de Nietzsche e a de Marx incide, na realidade, sobre o *conteúdo* dos valores, que são, para o primeiro, de ordem ética e, para o segundo, de ordem económica. Mas não se poderia avaliar de modo tão simplista, esta distinção. Nietzsche reivindica, em nome da vontade de poder, uma nova economia do tempo, do saber, do corpo e do encontro. Marx, em contrapartida, apela, em nome de uma economia mais justamente repartida, a uma nova ética do *socius*, que os manuscritos de 1840 tinham colocado em primeiro plano. Seria fácil mostrar as correspondências existentes entre, por um lado, a inversão nietzschiana dos valores e, por outro, a revolução marxista da produção e da troca. Em ambos os casos, é um regresso ao sujeito criador do sentido ou ao produtor da mercadoria, que comanda a viragem ou a superação esperada. Enfim, poder-se-ia perguntar se uma tal operação, ao mobilizar relações de forças inexploradas, estaria isenta de toda e qualquer interpretação mítica ou messiânica. A aurora, que se ergue para o super-homem, a grande noite, que inaugura a ditadura do proletariado, exprimem a nova

---

[24] K. Marx observa que há uma força gratuita natural do capital, que cobre elementos, que intervêm sem nenhum custo (*Capital*, t. III, 2, III, trad. fr. p. 130) e uma força produtiva do capital, que o capitalismo reduz a uma mesma força.
[25] *Ibid.*

ordem das coisas, a que os valores, recentemente liberados, presidem. Mas, nem Zaratrusta, nem a massa dos trabalhadores, são figuras do messias. Representam instituições do sujeito humano, adulto, capaz de dizer não a todas as formas do espírito negativo, a todo o "paternalismo" exercido pelos valores.

3. **A criação dos valores: Sartre** – A crítica sartriana dos valores cobre, apenas, parcialmente, os dois esquemas precedentes. A divergência essencial reside na concepção da *dialéctica inacabada*, que está no princípio e no fim das célebres análises de *L' Être et le Néant*[26]. Enquanto Nietzsche defende a positividade do ser e Marx se torna cúmplice das contradições superadas, Sartre erige a *negatividade* como fundamento da liberdade e, consequentemente, dos valores. Inversão e revolução são alcançadas, com efeito, à custa de um compromisso incessante, não susceptível de qualquer capitalização. A liberdade, indefinidamente, se funda, se aliena e se desaliena. Projectando-se no mundo ou face a outrem, esta cria os valores, isto é, os diversos perfis da sua afirmação. O homem não é o que é e é o que não é.

Estes pressupostos comandam a concepção sartriana dos valores. Ora, estes são interpretados de dois modos complementares. Um, que constitui o horizonte da problemática, vê nestes as figuras da mútua e incessante conversão do ser em nada e do nada em ser. São, no sentido etimológico do termo, os símbolos desta passagem dialéctica, que a consciência intencional não poderia leva a cabo sem se destruir, uma vez que só existe, nadificando o ser, que não é, e fazendo surgir o nada que ela é. Inscrições, marcas ou figuras deste interminável protesto de liberdade, tais são os valores. Precisemos, todavia, que, em *La Critique de la Raison dialectique*, Sartre atribui-lhes um estatuto menos precário, que não põe em causa o processo dialéctico, que constitui o conteúdo teórico de *L'Être et le Néant*. As categorias da história e da práxis desempenham, agora, um papel mediador entre o ser e o nada. Estas autorizam-nos a considerar os valores como inscrições de um consenso móbil e reversível. O certo é que o sujeito testemunha uma dimensão social, económica e política inegável. Inscreve, na história, os esboços das suas avaliações, como marcos necessários à comunicação. Mas estes valores, embora despidos de toda a referência a

---

[26] J.-P. Sartre, *L'Être et le Néant*, Paris, Gallimard, 1970, pp. 212 sq.

uma transcendência qualquer, enquanto resultado de uma acção concertada do homem, estão permanentemente sob a ameaça de se fixarem como ideais metafísicos. Paradoxalmente, é esta recaída fatal dos valores no "prático-inerte", ainda que não devida, desta vez, a uma alienação consentida ou exploração calculada, que tece o horizonte de uma concertação social.

Estes valores inscritos, quando deixaram de ser promovidos e inspirados pela liberdade, depositam-se nas *práticas sociais*. Transpõem, assim, para o terreno da economia, a imagem da humanidade, que os valores-projectos elaboraram no domínio da ética. Mas, não nos enganemos: estes depósitos não se organizam segundo o perfil de uma natureza humana. Entram em conflito com os novos projectos da liberdade e as novas inscrições, que esta opera no terreno conflitual da práxis. Os valores continuamente se cruzam: os do sujeito, que escolhe livremente o modo de se relacionar com os determinismos; os do consenso, que a práxis põe em acção; enfim, os das decisões e dos consensos ratificados, tanto ontem como hoje. Circunscrevem uma imagem da humanidade, relativa à condição fundamental e situação empírica, que definem historicamente o homem.

Retenhamos da crítica de Sartre duas opções determinantes, que também se encontram em Nietzsche e Marx. A primeira, é afirmada tão radicalmente, que se torna quase dogmática: "A existência precede a essência". Nenhuma natureza humana, nenhum ideal, mas também dado algum, poderia predeterminar o acto livre. Diferentemente de Nietzsche e Marx, Sartre concebe a inversão ou a revolução dos valores, não como sendo a consequência de uma operação crítica ou estratégica, mas antes como uma condição teórica prévia e necessária às suas análises. A segunda opção deriva da primeira. Se nenhuma essência, nenhum juízo *a priori*, precedem o sujeito, este determina-se sob o modo de um começo absoluto: o de uma liberdade "que se angustia de ser o fundamento sem fundamento dos valores". Em rigor, os valores não são: existem, apenas, graças ao sujeito, que lhes dá existência.

II. O SUJEITO DESCENTRADO

As três orientações, que acabamos de definir, têm em comum o facto de contestarem os valores transcendentais do sujeito, em nome do sujeito dos valores. A crítica, que teve grande sucesso, é, indubitavelmente, tão rigorosa quanto pertinente. Mas fica a meio caminho, porque desconstrói o lugar lógico e metodológico dos valores, a partir de um mesmo ponto de vista epistemológico, que se recusa a pôr em causa: o de um sujeito, que se entende a si mesmo como o lugar da avaliação dos valores. Pode-se observar, e bem, que esta posição do sujeito fundador resulta de uma transferência para o homem dos poderes atribuídos a Deus pela teologia clássica. Mas esta observação é, a nosso ver, o sintoma de um defeito epistemológico, que convém elucidar a partir da psicanálise e da filosofia de Heidegger. Indicámos já, no capítulo precedente, que o lugar do Outro, precisamente porque não é um valor, aparece como o princípio da constituição do sujeito e da instituição dos valores. É este modelo intermédio entre o esquema teológico de um Deus, concebido como valor supremo, e o esquema antropológico de um sujeito, concebido como valor fundamental, que a seguir exploramos.

1. **O sujeito dividido: Freud e Lacan.**

a) O campo da psicanálise constitui um sistema de valores, de que facilmente se podem discernir as grandes linhas através do *vocabulário* freudiano do posicionamento e do deslocamento, do investimento ou da sublimação. Mas na verdade, estas diversas operações encontram a sua justificação fora da consciência do sujeito: no inconsciente, que, como tal, escapa a toda a avaliação, pois que escapa a todo o juízo, a toda a afirmação e a toda a negação. Porém, só há valor, porque uma parte não negligenciável do eu escapa à consciência. É o recalcamento, que cria o valor. Se o super-ego representa a interiorização da imagem paternal e é no sujeito o eco de uma voz interditora, surge, a este título, como eixo de toda a avaliação[27]. Este é o testemunho do Outro no Mesmo, a razão da divisão do sujeito.

Mas, como são gerados os valores, enquanto tais? Se emergem como figuras do que foi recalcado, símbolos do desejo inconsciente, derivam de um duplo processo: o do compromisso e o da sublimação. Como sabemos, o desejo não se confessa totalmente, pois que, confessando-se, não só se esbarra contra a censura, mas ainda corre o risco de se auto-destruir. Exprime-se, por esta razão, sob o modo de figuras de *compromisso*, que traduzem um equilíbrio precário. Esta estratégia, que comanda a perso-

---

[27] Freud, *Malaise dans la civilisation*, Paris, PUF, trad. fr., 1971, p. 85.

nalidade individual, preside também à instituição da cultura. O compromisso procurado é o resultado de uma negociação entre o instinto de vida e o instinto de morte, como o amor, a cultura, a arte e a religião. A sublimação exprime, mas sob um outro aspecto, a maneira pela qual o sujeito negoceia o equilíbrio, num plano individual, entre o desejo e a censura ou, num plano social, entre o instinto de vida e o instinto de morte. Cobre, efectivamente, uma categoria específica de compromisso, que se estabelece a um nível superior. Assim, o sábio ou o artista deslocam a curiosidade sexual ou os seus desejos, dificilmente confessáveis, para o campo da investigação científica ou da criação de uma obra de arte. Como claramente se entende, compromisso e deslocamento sublimatório do compromisso são duas figuras ocultas dos valores.

Estas duas categorias representam os dois pólos de um processo, a que Freud chama *investimento libidinal* do objecto. Mas este último, como se sabe, é inseparável do investimento libidinal do eu, ou ainda do narcisismo primário e secundário sobre o qual se apoia[28]. Nós descobrimos, então, aquém dos deslocamentos de compromisso ou de sublimação, a presença de uma lei privilegiada: a analogia, em virtude da qual o sujeito estende aos objectos o investimento, que operou sobre a sua própria imagem. Se o sujeito se reencontra nos objectos-valores, é, antes de mais, porque ele se projectou neles e os anexou como outras tantas metáforas de si-próprio. Quando, em seguida, passa a operações sublimatórias, obedece a uma lógica de substituição, que é a da metonímia. Não se poderia, consequentemente, dissociar, em nome da analogia, a lógica da condensação metafórica e a do deslocamento metonímico. Cada uma destas colabora na constituição do que o sujeito entenderá não só como valores próprios, mas também como partilháveis por outros.

b) A interpretação lacaniana de Freud situa, de imediato, o desejo no campo da linguagem. Isto significa que o sujeito é sujeito da palavra, que outro lhe dirige ou que ele dirige a outro, passando pela mediação do Outro, lugar da sua própria divisão. É bem sob a base de uma fé, que ele

---

[28] O narcisismo primário é o esboço do corpo próprio, como sendo o modelo de um primeiro amor. Quanto ao narcisismo secundário, que tem o eu por objecto, supõe o posicionamento do princípio da realidade. Estas duas experiências correspondem à bipolaridade da economia libidinal: constituição da imagem de si, que Lacan desenvolverá a partir do espelho e constituição do eu na sua relação com a realidade.

procura entrar em comunicação. A justo título, Lacan reconhece na Lei kantiana, a articulação da fé e da palavra, que atravessa o sujeito, constituindo-o como sujeito de desejo. Em rigor, não se pode deduzir deste modelo uma teoria dos valores. Todavia a relação ao Outro, que institui o sujeito do desejo, introduz este num mundo de valores, cujo significante constitui de algum modo a matriz.

O *significante* é o efeito de sentido, que resulta do encontro do Outro com o sujeito. Aquele está no princípio da emergência deste último. Apresenta-se, segundo a célebre fórmula, como "o que representa o sujeito para um outro significante". Comporta, pois, a maior parte dos traços específicos do valor: é pura diferença, representação constitutiva do sujeito, lugar da experiência indefinida de um reenvio, que não se fecha nunca sobre um significado. Percebe-se quanto o termo, aqui empregue, é ambíguo, porque inverte e desloca a concepção linguística de Saussure. O significante é o efeito de sentido, produzido por um acto de palavra e é, a este título, que, de um certo modo, este é causa do próprio sujeito. Certamente que, neste caso, aquela palavra designa menos a expressão verbal do que o modo pelo qual o sujeito apropria o que ele entende no silêncio e na voz, ou lê nos olhares de outrem e nas palavras da língua.

Objectar-se-á, com razão, que estes significantes, que fazem cintilar o desejo do sujeito, são estritamente individuais e que não poderiam, consequentemente, ocupar o lugar do valor. Esta observação omite, todavia, ressituar o significante na sua relação com o Outro, que é o berço do seu nascimento. Porque o significante é inseparável do símbolo do qual é a transposição subjectiva. Representa o modo pelo qual o símbolo se dirige a um determinado sujeito. É sobre o campo simbólico, que o significante é antecipado e é, de novo, sobre este campo simbólico, que a escuta psicanalítica visa articulá-lo. Porque o significante, de deriva em deriva, pode transformar-se em sintoma: concentrar-se num significado casual, cristalizar-se numa palavra aparentemente insignificante e inaudível, ou, ainda, o que vem a dar no mesmo, um ritual formal. Assim, a noção de valor exprime, finalmente, o entrechoque do encontro do símbolo e do significante.

É a *palavra*, concebida como o lugar da verdade, que confere valor às palavras ouvidas, às representações partilhadas, aos olhares trocados. Mesmo, se não é a palavra plena, que afirma o desejo do sujeito, mesmo, se é palavra vazia, despojada de verdade, "no desgaste extremo", a palavra "conserva o seu valor de téssera"[29]. O valor testemunha esta articulação inalienável da palavra com o Outro, o sujeito, a confiança e a verdade: "O discurso representa a escrita da comunicação, embora nada comunique, afirma que a palavra constitui a verdade, embora negue a evidência; especula sobre a fé no testemunho, embora se destine ao engano".[30] É, indubitavelmente, esta dívida da linguagem para com a verdade, que constitui o horizonte axiológico. O valor é o símbolo em suspenso, à espera de ser revelado pelo efeito do significante.

Esta substituição joga-se no espaço da transferência, paradigma de toda a comunicação. As palavras são, na realidade, como o sileno, que encerra coisas preciosas e brilhantes (*agalmata*). Basta entreabri-lo, como no-lo ensina o Alcibíades do *Banquete*, para aí encontrar o "desejável": o objecto do desejo, que se impõe à vontade.[31] Os valores cintilam com uma luz sagrada, porque se supõe que captam a atenção divina.[32] Aparecem como "objectos parciais" que antecipam o Outro e aos quais o sujeito vota um amor tal que estes desenham o lugar de um acordo sem falha. Figuram os objectos do desejo, ou os objectos "pequeno a", segundo a terminologia lacaniana, símbolos mágicos do cruzamento de dois desejos, uma vez que se presume monopolizarem a atenção daquele que se ama, só pelo facto, que atraem a nossa. O valor, como a *agalma*, opera a transformação do sujeito no objecto amado. Torna inútil as distinções entre sujeito e objecto, pois que se considera que o autor confere ao objecto amado uma maior dignidade do que a prosaica, conferida pelo seu estatuto de pessoa autónoma. Espera, de algum modo, recriar o sujeito, reformá-lo à sua imagem.

É com a ajuda das categorias de símbolo, significação e de *agalma*, que o discurso lacaniano pretende circunscrever a noção de valor. Como objecto parcial, ou objecto "pequeno a ", impõe-se ao desejo, num momento de fulguração e fascínio amoroso. Os valores emergem, pois, sob o fundo desta experiência, em que o amor e o desejo se confundem. Mas o objecto "pequeno a" indica, assinalando-o, este instante de plenitude. O que significa que o testemunha, porém sob o modo de uma inscrição e,

---

[29] J. Lacan, *Écrits, op. cit.*, p. 251.
[30] J. Lacan, *ibid.*
[31] J. Lacan, *Le séminaire, le transfert*, livro VIII, Paris, Le Seuil, 1991, p. 163 sq.
[32] *Op. cit.*, p. 171 sq.

consequentemente, de um limite. Assinala, na realidade, a passagem da imagem à linguagem, em que o valor, ao exprimir-se, conjugando o símbolo com o significante, se transforma, em sentido literal, em valor de troca, meio de comunicação, figura da ordem, da linguagem e da Lei.

2. **O sujeito desconstruído: Heidegger** – Como a psicanálise, também a reflexão heideggeriana tende a descentrar o sujeito e a arrebatar-lhe toda a prerrogativa de fundamento. Não é mais o campo do inconsciente, mas o da questão do ser, que é o lugar do fundamento. Porém, a crítica da subjectividade radicaliza-se relativamente à precedente. O que não significa que a filosofia de Heidegger não nos proponha o perfil de um sujeito, posto em questão pelo destino do mundo e experimentado pela liberdade como transcendência interior. A ipseidade é o horizonte esquecido da subjectividade.[33]

Heidegger critica a noção de valor, porque esta é, segundo ele, uma determinação da subjectividade cartesiana, kantiana, hegeliana ou husserliana. Reflexivo, transcendental, histórico ou institucional, o sujeito emerge graças a uma apropriação do Ser, da linguagem e do Tempo. Deste ponto de vista, é a figura mais trivial e crucial do esquecimento do Ser, isto é, do impensado e do não-dito, que faz surgir o ser humano como uma questão incontornável. Posto como fundamento e como repetição deste último na representação, impõe-se como medida da verdade e, por isso, norma do velamento e desvelamento do Ser. Segundo Heidegger, o sujeito metafísico é, profundamente, um sujeito avaliador. Razão pela qual a crítica dos valores deve necessariamente passar por uma desconstrução do ego.

A argumentação consiste, essencialmente, em sublinhar que o valor vem colmatar o *desvio*, criado pelo desdobramento da questão do Ser, no plano da representação. Perdido o acordo com o pensamento, como acontecera no tempo dos pré-socráticos, o Ser torna-se um objecto de investigação intelectual, que, porque escapa ao pensamento, se apresenta como um motivo de inquietação, numa palavra, como um valor. O pensamento, como o desejo, atribuem um preço inestimável ao que se lhes escapa. Porém, para além deste discurso, que faz do Ser o termo de um desejo

---

[33] A ipseidade, transposição da intencionalidade husserliana, é a experiência do "sujeito" como ser-no-mundo.

(*orexis*), desenha-se já, em contrapartida, o discurso do sujeito nostálgico do que escapa ao olhar da representação.[34]

A ideia de valor testemunha a mais cega denegação, relativamente à questão do Ser. Aquele pressupõe, com efeito, que o Ser tenha caído num *esquecimento radical*, porque transforma este num objecto de conquista, embora de modo paradoxal o faça regressar sob os traços de uma causa final. Reforça, assim, pretendendo dominá-lo, o esquecimento inicial, a ponto de esquecer o esquecimento, que o constitui. A noção de valor pressupõe o perfil metafísico de uma presença, concebida como o espelho do sujeito. Heidegger denuncia esta lógica, que preside à instituição dos valores e que acaba por desvalorizar o que, à partida, tencionava promover: "Porque este pensamento é contra os 'valores', não pode deixar de nos escandalizar, visto ser uma filosofia que, aparentemente, ousa desprezar os bens supremos da humanidade. Pois, que há de mais lógico que isto: um pensamento, que nega os valores, deve, necessariamente, declarar todas as coisas sem valor?"[35]

As duas determinações metafísicas: a do *transcendental*, como lugar da objectividade e a da *transcendência* teológica, representam as duas implicações fundamentais deste discurso. Uma e outra derivam, de facto, do gesto de avaliação do sujeito. O transcendental, ao conferir às categorias do sujeito cognoscente a qualidade de condições de constituição ou de aparição do objecto, confia a este último a tarefa de definir os traços do valor. Igualmente, se impõe como a via obrigatória, para pensar Deus no princípio da visada, que efectua. Transcendental e transcendência, em vão se reforçam mutuamente, pois se sobrepõem no lugar da objectividade, que mais não é que a projecção realizada por uma subjectividade avaliadora: "Mas o que uma coisa é em seu ser não se esgota na sua objectividade, menos ainda se a objectividade tem o carácter de valor... Toda a avaliação, mesmo quando positiva, é uma subjectivação. Esta não deixa o ente ser, mas deixa-o, apenas, valer como objecto da sua operação. A estranha obstinação em demonstrar a objectividade dos valores, não sabe o que faz. Proclamar "Deus" "o valor mais alto" é degradar a essência de Deus".[36]

---

[34] M. Heidegger, *Qu'est-ce que la philosophie?* Paris, Gallimard, trad. fr. 1957.

[35] M. Heidegger, *Lettre sur l'humanisme*, in *Question II*, Paris, Gallimard, trad. fr. 1965, p. 126.

[36] Heidegger, *op. cit.*, p. 130.

A CRÍTICA DOS VALORES

O pensamento de Heidegger não é niilista, no sentido da afirmação de que nada tem valor. Bem ao contrário, é em nome de uma concepção impensada do valor, não dependente do juízo da subjectividade, que ele denuncia o gesto de avaliação, pressuposto no discurso metafísico. Do mesmo modo, acusa Nietzsche também de niilismo, por ter divinizado o sujeito, erigindo-o em valor supremo e em princípio de avaliação universal. O niilismo nietzschiano, como o marxista e o sartriano, esquecem-se, com efeito, do nada constitutivo da transcendência do ser; da ausência, que institui todas as coisas em presença; do velamento, que todo o desvelamento mantém oculto; do silêncio, que faz ecoar a palavra. Ora, é este jogo de alternância, que o homem não poderia medir, porque este é a medida do seu comportamento aberto, que representa, segundo Heidegger, o valor de um pensamento atento ao sentido, que o precede. Se a intenção desta crítica está correcta, poderemos considerar como sua consequência última o deslocar a questão dos valores do campo da subjectividade para o da verdade, entendida como interpelação de uma palavra.

As críticas precedentes abrem-nos dois caminhos. O primeiro, conduz-nos a uma interrogação sobre o valor do valor. Ora, este não depende de um querer ou poder subjectivos, mas de uma certa maneira de habitar o mundo: o da palavra, o do tempo, o da coisa, o da obra de arte... As reivindicações da subjectividade valoradora desagregam-se, o elo dos valores desfaz-se e o lugar transforma-se num caminho, que conduz a um outro lugar de onde provém. O segundo, encontra-se com o primeiro numa encruzilhada: conduz a um questionamento da moral tradicional, porque esta pressupõe uma ordem objectiva de valores; mas, também, ao questionamento de uma ética protestatária e contestatária, que, em nome da subjectividade, reclama uma nova tábua de valores. É aquém desta alternativa, que uma ética da finitude nos obriga a remontar. Porém, antes de esclarecer os seus traços fundamentais, tentaremos traçar o perfil dos mais importantes eixos teóricos da filosofia dos valores, para aí discernir os fios condutores desta ética, que se anuncia, sem chegar a enunciar-se.

CAPÍTULO V
AS TEORIAS DO VALOR

Se certas teorias do valor são objecto de crítica, cujos principais argumentos sintetizámos, todavia, algumas escapam-lhe: ou não partilham o discurso denunciado, ou se constituíram como respostas às objecções formuladas. Ao expô-las, pretendemos prolongar as análises precedentes, pois as teorias filosóficas, quaisquer que sejam, revelam-se sempre susceptíveis de serem refutadas. Mas, para levar a bom termo esta tarefa, é-nos necessário partir de uma ideia, que nos servirá de fio condutor. Justamente, a que se nos impõe e que reencontrámos, por vezes, ao longo destas páginas: a noção de ordem. É esta que, em razão da sua ambiguidade e múltiplas conotações, representa a coluna dorsal do "corpus" teórico dos valores.

I. A ORDEM VIRTUOSA

A figura da virtude é uma determinação fundamental da ordem dos valores. Esta impõe-nos uma regra de conduta ou arte de viver e reenvia-nos a um ideal de perfeição de que é o arquétipo. A virtude e o valor pressupõem a referência a um princípio fundador, que exclui falta e imperfeição e que, em si mesmo, não é virtude nem valor. Eis, porque, ao ensinar a virtude, ensinamos também o valor.

O sentido da virtude antiga *(arétê)* é inseparável, parece, da ideia de valor, uma vez que aquele caracteriza a qualidade de qualquer coisa, a aptidão desta a desempenhar a sua função, o seu grau de excelência. Porém, o célebre debate, conduzido por *Platão*, no *Ménon*, e por *Aristóteles*, na *Ética a Nicómano*, incidindo sobre a possibilidade de ensinar a virtude, aparentemente, contradiz esta correspondência. A virtude apresenta-se aí: ou como um ideal racional, que implica a superação do sensível e a conversão ao inteligível, *caso do Teeteto*; ou como o fruto de um compromisso entre o sensível e o inteligível, se nos referimos ao *Philebo*; ou, se seguimos o ensinamento de Aristóteles, como uma estratégia, que visa definir a justa medida ou a boa medida de uma conduta conforme à recta razão. A reflexão antiga testemunha uma concordância última entre virtude e felicidade, que o estoicismo radicalizará e que ninguém, melhor que Spinoza, exprimirá tão acutilantemente : "A felicidade não é a recompensa da virtude, é a própria virtude".

A tradição filosófica operará uma síntese entre a visada ideal de tipo platónico e a visada mais "económica" de estilo aristotélico. Por um lado, a virtude, cujo paradigma é a "justiça", tal como se define na *República*, exprime-se numa ordem de valores, simbolizada pela célebre trilogia das virtudes: sabedoria, coragem e temperança. Mas, por outro lado, o respeito, que tal ordem inspira, é um exercício de purificação (*Katharmos*) e de despojamento. Constituirá, com o cristianismo, a trama das virtudes cardeais, que, a par das teologais, fé, esperança e caridade, oferecem um conjunto de referências indispensáveis à vida comunitária: justiça, que regula a permuta; temperança, que domina os desejos inconciliáveis; força, que inspira e orienta a vontade; prudência, que orienta a ponderação das situações. Esta dupla regulação está representada na distribuição, operada por Malebranche, entre a ordem da graça, que é a das virtudes teologais, e a do mérito, relativa às cardeais.

Impõem-se duas observações, a propósito desta transposição. Uma observação diz respeito à passagem, na prática das virtudes, de um horizonte político a um horizonte "económico". Já sensível em Aristóteles, este deslize terá continuidade no espaço da "economia" cristã[37], ainda prisioneira da visão política das duas cidades. Como já assinalado, desembocará na filosofia dos "valores", que, afinal de contas, pressupõe uma prioridade epistemológica da economia relativamente à política. A segunda observação pretende sublinhar que a ordem das virtudes ou dos valores depende de uma ordem transcendente, que representa o princípio de toda a avaliação. Nas perspectivas platónica e aristotélica, é a justiça, que simboliza esta última. Mas, com a reflexão cristã, o paradigma fundador muda: a caridade, que modela a ordem teologal, substitui-se-à à justiça, que será relegada para a ordem cardeal. Como outrora a justiça, a caridade – em Descartes, a generosidade assegura esta função – é menos uma virtude particular do que o lugar da génese e da convergência das virtudes: a margem instituinte, que articula estas sobre a frente de uma dupla economia, a da relação com Deus e a da relação com outrem. O valor não é, de facto, outra coisa, que a virtude posta ao serviço do encontro com o outro.

Esperando esta inversão, que as filosofias dos valores consagrarão, a relação da virtude com o Outro permanece dominada pela da virtude com a Felicidade. Por outras palavras, a Felicidade, que ocupa o lugar do Outro, é que faz o "preço" da virtude. Contudo, não se poderia separar estas duas tendências uma da outra:

---

[37] A economia distingue-se, aqui, como a prática da teoria. Distingue-se da "teologia" para cobrir o domínio histórico da apropriação da salvação.

eudemonista e altruísta. O apelo à felicidade pode proceder, efectivamente, de um protesto heróico da virtude, – que a força de um homem excepcional ilustrará – do triunfo de uma classe dominante ou, ainda, da imposição da lei universal. Ao invés, o respeito pelo outro não retira finalidade ao desejo de ser feliz, como recompensa ou preço da renúncia. Estas duas visadas interferem, consequentemente, e têm como efeito converter em valor o perfil das virtudes.

Com *Rousseau* e *Kant*, verifica-se uma viragem na reflexão sobre o valor da virtude, pois entendem-na como o triunfo da afirmação da lei sobre a natureza. No estado de natureza, não há virtude. Pode-se, certamente, lastimar que a virtude não seja a expressão espontânea da bondade natural, que se encontra situada no princípio dos valores. Mas o homem é um ser social. Consequentemente, o domínio das paixões e dos afectos impõe-se. Ora, a virtude ordena-lhe que aceda a um nível superior e submeta a sua vontade pura à vontade geral. Kant, como se sabe, retomará alguns aspectos do pensamento de Rousseau. Assim como a natureza não é virtuosa, também a virtude não é natural. Mas a lei, geradora de valores, não é exterior ao homem, como é o caso do pacto político ou do pacto pedagógico, graças aos quais o homem natural acede à sua dimensão social. Aquela é interior à liberdade, que, autónoma, encontra em si mesma, na razão prática, a capacidade de legislar de modo universal. É a "doutrina da virtude", digamos, a doutrina dos valores, que funda os "deveres da virtude": realizar a sua própria perfeição, amar e respeitar outrem. Esta distinção é essencial: servir-nos-á, no capítulo seguinte, de articulação entre as noções de poder e dever.

Mas, em *Hegel* e *Nietzsche*, ideal e cálculo apagam-se perante a força da afirmação de si. Segundo Hegel, a virtude consagra a superioridade de um indivíduo singular, mas este vai buscar a sua força, somente, ao génio do povo do qual é a encarnação. Para Nietzsche, todavia, aquela é inseparável de um ideal de domínio. Nada deve a qualquer critério de validação exterior, porque testemunha um interesse superior, cuja prossecução inverte a ordem estabelecida dos valores. Estas duas interpretações consideram a virtude como o monopólio de um sujeito, que transgride ou encarna a ordem dos ideais recebidos e partilhados: porque uma liga a substância "ética" ao espírito de uma comunidade e a outra, à paixão heróica de um super-homem.

II. A ORDEM ECONÓMICA

As teorias utilitaristas, que procedem de uma visão empirista e pragmatista da moral, são sintomáticas do conluio existente entre o liberalismo económico e a filosofia dos valores. Não esqueçamos que Bentham teve como discípulo David Ricardo cujos *Principles of Political Economy* (1817) saúdam a lei da livre concorrência como o princípio providencial de uma harmonização de interesses humanos. Se o autor de *Introduction aux Principes de la Morale et de la Législation* (1789)[38] erige o prazer e a dor em valores determinantes, submete, todavia, estes à regra da utilidade. Pode acontecer, de facto, que o homem, que procura *a priori* o máximo de prazer, não chegue, por essa via, a satisfazer o seu desejo. Resulta desta constatação que prazer e sofrimento são medidos, não só pela satisfação que proporcionam, mas também pela sua utilidade, isto é, pelo modo segundo o qual correspondem aos interesses prosseguidos. Razão por que o útil se apresenta como a via real, que conduz ao agradável, numa palavra, como o "referencial" de toda a avaliação.

Bentham pretendeu estabelecer uma hierarquia dos valores, a coberto de uma hierarquia dos prazeres, que seria o fruto de um cálculo diferencial, tendo em conta quatro parâmetros: a intensidade, a duração, o certo, ou incerto, a proximidade e o afastamento. Acrescenta a estes, mais dois factores: a fecundidade, isto é, a capacidade da acção para engendrar os gozos adicionais; e a pureza, isto é, a facilidade com a qual, ao realizar-se, previne todo o desprazer possível. Quando a utilidade é considerada do ponto de vista social, Bentham faz intervir, no seu cálculo, o factor designado por "extensão", em virtude do qual o valor da acção se encontra acrescido pelo extensão do prazer ao maior número de indivíduos. É, pois, ao invocar o corpo fictício da colectividade, que integra, na sua teoria, a procura do bem comum. Este não obriga o indivíduo, em caso algum, a renunciar à sua felicidade em proveito da vontade geral; bem ao contrário, reforça, por associação, o prazer individual, porque a felicidade do outro se torna, para este, a causa de um prazer mais forte.

Sob a sua aparente ingenuidade, a teoria de Bentham dá provas de uma coerência implacável. Recorda-nos, por um lado, que os valores dependem do interesse, isto é, de um prazer regulado pela utilidade, que lhe confere um acréscimo de intensidade; e, por outro lado, que o interesse nasce de um cálculo quase espontâneo, imanente à consciência – ou ao computador inconsciente. Em suma, há um prazer individual, experimentado com grande satisfação de todos e uma satisfação colectiva, experimentada pelo maior prazer de cada um. Cálculo, espontaneidade, harmonia, livre concorrência, conflito de interesses: tais são as determinações

---

[38] Em francês, no texto.

principais, que presidem a esta avaliação "natural", operada pelo indivíduo, que vive em sociedade. Sem dúvida, *John Stuart Mill* († 1873) denunciou com pertinência esta pulsão aritmética, que, em Bentham, comanda o cálculo dos valores. Sem com isso pretender recusar a natureza quantitativa da avaliação, insiste no aspecto qualitativo dos elementos constitutivos da felicidade. Stuart Mill é a consciência infeliz da filosofia utilitarista,[39] por ter oposto, ao agente moral vítima dos seus "tropismos" atractivos e repulsivos, o sujeito consciente das suas possibilidades e responsável pelos seus compromissos. Mas, no horizonte desta interpretação, pode-se detectar uma mudança de concepção do liberalismo político, que substitui à norma do útil a de um regime democrático, detentor da lei do interesse geral.

Com W. James (†1909), discípulo de C. S. Peirce, o utilitarismo converte-se em "pragmatismo" ou, segundo a terminologia empregue pelo seu autor, em "pragmaticismo". Sabe-se que Peirce, com efeito, influenciado por Kant, desenvolve um conceito pragmático *(pragmatisch)* da verdade e não prático *(praktisch)*, uma vez que abrange actividades relativas a fins determinados. É, na senda deste pensador profundo, preocupado em definir a relação do conhecimento científico com o real, que W. James constrói a sua psicossociologia dinâmica da corrente da consciência *(stream of conscience)*, que pretende ultrapassar a doutrina instrumental das faculdades. Mas a divergência é importante. Peirce funda a moral sobre o conhecimento, ou, para empregar os termos consagrados, vê no *sinequismo*, isto é, no poder dinâmico do conhecimento, que procede por fusão e generalização, a condição de uma lei do amor evolutivo *(agapismo)* que transforma em exigência de simpatia prática a cumplicidade teórica dos sujeitos cognoscentes. Diferentemente de Peirce, James, radicalizando Kant, funda o conhecimento sobre a moral. Procura, numa psicologia da vontade (*Principes de la psychologie*, 1890)[40] e nas crenças, que esta confirma, o fundamento do conhecimento. Tal é, sem dúvida, o desvio medido pela passagem do pragmatismo ao pragmaticismo. James substitui pelo princípio dos valores, resultante da disposição a agir e do hábito a reagir, a experiência esclarecida pela ideia ou a sensibilidade ao real.

---

[39] Pode-se medir esta oscilação, através das críticas, que Stuart Mill dirige a Bentham, na obra *Utilitarisme* (1863).

[40] Em francês, no texto.

Sem pretender aprofundar este debate, é interessante sublinhar que o pragmatismo de Peirce, assente numa lógica da experiência, adequa-se melhor a fundar uma filosofia dos valores do que o pragmaticismo, que deriva duma psicologia da acção.

III. A ordem personalista

Consideremos, agora, as filosofias do valor, associadas ao movimento da filosofia personalista. M. Scheler, o seu mais eminente representante, desenvolve uma crítica ao formalismo kantiano, que negligencia, em sua opinião, o conteúdo material dos valores em proveito da forma, resultante de uma imposição da vontade.[41] Os valores não são, consequentemente, nem objectivos, dependentes de uma apreensão intelectual, nem fins, propostos pela vontade. São apreendidos por um acto fundamental do espírito, incluindo emoções e sentimentos, que define a pessoa. São essências materiais e opacas, embora postas *a priori* e organizadas segundo uma ordem hierárquica, que evoca a concepção medieval das ordens do conhecimento ou, mesmo, a dos transcendentais: o Belo, o Verdadeiro, o Bem e o Ser. Segundo Scheler, o acto espiritual, que apreende e põe os valores, efectiva-se, relacionando-os entre si. A realização de um valor positivo implica, na realidade, uma visada indirecta do valor superior e, no limite, do bem e do mal, que permanecem transcendentes à ordem. O respeito por um valor é, pois, equivalente ao respeito pela totalidade da escala de valores. A teoria de Scheler tem o extremo mérito de sublinhar o papel do sentimento na génese dos valores, a inter-relação das essências ideais e materiais por estes estabelecida, o seu enraizamento na personalidade de um sujeito, que não é o eu puro e isolado de Kant, mas o acto de uma experiência, ao mesmo tempo individual e comunitária, experimentada numa simpatia recíproca. Todavia, é sempre possível perguntar se Scheler não cai no formalismo an-histórico, que criticou em Kant, e, se a sua concepção de uma escala de valores, que conduz a Deus, passando pelo bem, não está marcada por um certo platonismo teológico.

---

[41] M. Scheler, *Le formalisme en éthique et l'éthique matériale des valeurs*, Paris, Gallimard, trad. fr., 2.ª ed., 1955.

Pensamento da acção e não do acto, a filosofia de Blondel inclui, implícita, toda uma reflexão sobre os valores. Pretendendo conciliar filosofia e cristianismo, encontra na análise da acção, um lugar geométrico comum, portador de valores. A acção procura, com efeito, o seu princípio numa exigência de infinito, originária, mas obscuramente presente nos constrangimentos e condicionamentos do vivido. Ao mesmo tempo que se concretiza, converte este princípio original em finalidade. Mas este infinito, se constitui para nós um móbil, não está ao nosso alcance. Inscreve-se em nós, porque estamos inscritos nele. A acção, que compromete a razão e a fé num crescimento indefinido, é o princípio gerador dos valores materiais, artísticos, espirituais e religiosos: outros tantos símbolos dos patamares, que vai ultrapassando. Existe, segundo Blondel, uma ordem de valores, ordem da acção consubstancial à razão. Mas o sobrenatural, como experiência simultânea de um crescimento e de um acontecimento histórico, não pode ser uma conquista da acção. Limitamo-nos a predeterminá-lo formalmente, na medida em que, enquanto hipótese, esta e as suas condições, provêm da razão, que, todavia, se revela impotente em definir-lhe um conteúdo. Dito de um outro modo, a graça sobrevém como um dom, que fortalece a ordem dos valores da acção, da qual é fonte e fim.

Tal como o pensamento de M. Blondel, o de E. Mounier pretende mostrar a compatibilidade entre os valores do humanismo ateu e do cristianismo. Nasce de uma tomada de consciência da rotura da ordem, fundada sobre os valores do cristianismo, e da desordem, que resulta desta situação. Coloca, no centro do humanismo, que defende, a ideia de pessoa, que transcende as reacções opostas do individualismo nietzschiano e do totalitarismo marxista. Visa operar não um restabelecimento, mas um renascimento dos valores, tendo em consideração a crítica, que lhes fora feita. A pessoa, segundo Mounier, oscila entre o heroísmo da santidade e a cobardia da fuga. Os diversos sistemas filosóficos, ao reterem, apenas, um destes aspectos com a exclusão do outro, negligenciaram aquela profunda equivocidade, sem a qual não há liberdade, nem riqueza de sentimentos, nem de palavras, mas ideias fixas e, no limite, loucura. Para Mounier, o valor fundamental, condição de afirmação dos outros valores, é o compromisso. Mas também não há compromisso sem liberdade interior, que permita à pessoa o desprendimento necessário a poder comprometer-se, questionar-se e ser questionada, face aos outros e pelos outros. Tal é a profunda verdade do hegelianismo: o ser-para-si não é para si, a não ser através do outro. A ambivalência exprime-se sob o modo de uma dialéctica da interioridade e da exterioridade, do cómico, que subsume o indivíduo concreto, dividido pelas suas contradições. Porém, esta não nos deve ocultar um outro carácter essencial da pessoa: a transcendência, graças à qual eu sou mais do que eu mesmo e posso dispor de mim. Eis, por que somos "acósmicos", por mais enraizados, que estejamos no cosmos; capazes, pelo distanciamento, de conferir um sentido ao determinismo. Mas este sentido só se cumpre, referido ao Absoluto. Distribui-se em três níveis de valores: o primeiro, político, na luta contra a alienação; o segundo, histórico, na experiência de uma tensão fecunda entre a utopia do progresso e a expectativa escatológica; o terceiro, espiritual, que funda os dois níveis precedentes e define as condições de uma função profética, fonte do optimismo trágico, que inspira toda a atitude ética.

A ordem dos valores organiza-se à volta dos pólos da ambivalência e da transcendência. A ambivalência, que estabelece a tensão entre a pessoa, o mundo dos objectos e o do encontro; mas que também a estabelece no interior da pessoa, colocando-a entre a fuga e a luta, entre o compromisso e o novo empenho, entre a avareza, crispada pelo ter, e a generosidade, que o sacrifica ao mais-ser. Favorece a eclosão da liberdade e a superação de si, que abre para a experiência da transcendência. Os valores emergem no lugar da verificação desta dupla experiência. Apresentam-se, consequentemente, no modo de uma dupla bipolaridade, que tem de ser gerida, e de um apelo, que deve ser escutado.

IV. A ORDEM EXISTENCIAL

Os valores, como mostrámos, organizam-se em torno de uma noção de ordem, que acolhe conotações imprevistas. Basta que nos lembremos dos três níveis pascalianos: da carne, do espírito e da caridade. Estes caracterizam-se, bem entendido, pela descontinuidade e heterogeneidade, que os separam, mas também pela sua posição hierárquica. Quem passa de um ao outro nível, deve efectuar um salto. Todos os níveis são entre si incomensuráveis e é esta incomensurabilidade, que funda o seu valor. Cada nível é perfeito no seu género; e, embora não encontre o seu fundamento no valor supremo, a verdade é que a perfeição consiste em possuir a totalidade dos três. A beleza do corpo, o poder e a riqueza não se devem desdenhar nem rejeitar – dependem da utilidade; enquanto a ciência, a sabedoria e a inteligência estão associadas à verdade. Felizes os que possuem, um ou outro conjunto, mas bem-aventurados os que ostentam, ao mesmo tempo, os dois. Quanto à ordem da caridade, esta não se poderia comparar com as duas ordens precedentes, nem mesmo confundi-las. É só por analogia que a situamos espontaneamente no topo da escala, porque aquela escapa, enquanto tal, a toda a avaliação, desenha a figura de um dom e não de uma qualquer aptidão, por mais elevada e excepcional que seja. Relativamente à utilidade e à verdade, a caridade recorta o lugar da margem, um lugar de avaliação, que não depende de nenhuma grandeza, nem de nenhuma medida.

Encontra-se, em Kant, uma visão diferente de ordem, fundada na posição de mediação, que as finalidades ocupam, entre o mundo do determinismo da natureza e o dos fins da liberdade. Eis-nos, pois, situados sobre os três planos nitidamente diferenciados: o da natureza, que reconhece como valor o conhecimento, na medida em que a ordem dos determinismos é interpretada como o reflexo de finalidades, consideradas símbolos do fim moral; o da moralidade, que testemunha o valor dos fins perseguidos; finalmente, o da religião, que é a experiência da superação indefinida, a que somos convidados pela experiência da Lei. As diversas ordens reduzem-se, em bom rigor, a duas, que permanecem irredutíveis: a do conhecimento e a da moralidade ou da religião. Se estas são entre si heterogéneas, tendem, todavia, a reencontrar-se, no intervalo da experiência teleológica e histórica, onde opera o juízo reflexivo. Embora de modo paradoxal, dir-se-á, com razão, que é este encontro, que produz o mundo dos valores, reduzindo a diferença existente entre o mundo dos factos, do conhecimento, e o do sentido, da moralidade, para retomar os termos de E. Weil.

Nada mais é necessário para apreender a coerência da visão axiológica de Kant, que atender à função excepcional desempenhada pelo juízo reflexivo. Todos recordamos a célebre distinção entre os juízos determinantes e os reflexivos. Os primeiros supõem que o geral seja dado e que basta aplicá-lo ao particular. Põem em jogo uma tríplice relação: aos esquemas, que estabelecem o elo entre a sensibilidade e o entendimento; às ideias transcendentais da razão; e, sobretudo, a um acordo, pressupostamente, realizado entre todas as faculdades. Mas este acordo permanece controlado por uma faculdade legisladora: o entendimento. Este desempenha esse papel, quer no plano do juízo teórico, que determina o objecto conformemente ao conceito, que produz; quer no plano do juízo prático, que determina, desta vez, a possibilidade de uma acção e não um objecto, enquanto derivada da lei moral. No primeiro caso, o entendimento impõe um conceito ao esquema da imaginação; no segundo, é o entendimento, que substitui a imaginação e fornece um "tipo" ideal, conforme à lei da razão prática.

Em síntese, no juízo determinante, o conceito, ou a lei da razão, é dado e convém aplicá-lo a uma situação particular. Assim, o viajante lê o traçado do itinerário sobre o mapa, antes de determinar, com a ajuda da representação obtida, a direcção correcta no terreno. Mas, no juízo reflexivo, acontece o inverso: o que se apresenta é a realidade bruta e trata-se, então, de procurar o conceito ao qual esta reenvia, com a ajuda de um juízo, que modifica o concurso de todas as faculdades. Dito de um outro modo: diferentemente do juízo determinante, que supõe a preeminência de uma faculdade sobre as outras – possível só pelo livre acordo destas entre si; o juízo reflexivo intervém, apenas, quando esta preeminência é suspensa, o que liberta as faculdades de todo o constrangimento normativo para as deixar jogar livremente. Resumir-se-á, finalmente, esta distinção, ao dizer que *o juízo determinante define o facto, enquanto o juízo reflexivo estabelece o valor.*

Não se poderia, contudo, opor estas duas maneiras de conhecer: uma, que representa a realidade sob a forma de facto; a outra, que a apresenta sob a forma de fim. O juízo reflexivo encarrega-se, com efeito, de explicitar a subtileza disfarçada no juízo determinante: liberta o valor, que o facto controlava. Poder-se-ia, contudo, retirar uma outra consequência desta correlação. Se o juízo determinante sanciona o acordo determinado das faculdades e, se o juízo reflexivo testemunha o acordo indeterminado destas, legitimamente nos é permitido deduzir que o facto supõe o valor, que o valor funda o facto, ou, ainda, que o facto não é "facto" a não ser de valores escondidos, porque controlados e circunscritos. O juízo reflexivo mostra o sentido, que constitui o horizonte do facto. Ora, este sentido, que, seja emanado pela razão teórica, revelado pela obra de arte, confirmado pela harmonia da natureza e dos seres orgânicos ou construído pelo homem numa sociedade mais moral e religiosa, apresenta-se, indicámo-lo acima, segundo uma ordem de valores de que a Lei moral é o princípio e o fim.

Com razão se poderá ligar a esta problemática da ordem existencial, as célebres "esferas da existência" de Kierkegaard. A primeira, a da estética, encerra o sujeito no instante e condena-o a uma fuga desvairada de si e do outro. Alternadamente, esta é ilustrada: ora pelo judeu errante e apátrida, que habita, apenas, o horizonte do seu caminhar desesperado; ora pelo Fausto, figura do demoníaco espiritual, que pode fazer deste o igual e o rival de Deus; ora por D. Juan, figura do demoníaco sensual, que parte para a conquista, movido por um desejo, espelhado no conceito do eterno feminino. A vida do esteta, fragmentada no tempo e condenada à repetição interminável dos seus esquemas, alimenta-se da miséria de um desespero, mascarado sob a aparente gratuidade e espontaneidade dos actos praticados. Todavia, esta só se revela como tal aos olhos do ironista, que, porque a confronta com a exigência infinita da ética, a considera ridícula.

Os valores da esfera estética, que são finitos, nascem de um protesto de imediatude por parte do indivíduo, que se erige em princípio do Bem e do Mal, que se recusa reconhecer. Mas pretende ocupar este lugar, porque se engana na escolha, que faz. Desperto pelo ironista para as suas próprias exigências, sabe que se trata de optar, não entre o Bem e o Mal, mas entre a recusa destes dois pólos e a sua aceitação: ou cultivar a indiferença e recusar a escolha, ou fazer surgir a diferença e aquiescer ao querer, graças ao qual, Bem e Mal se encontram afirmados. Mas a esfera ética tem como figura a solidão do ironista, totalmente entregue ao trabalho de superação em que se empenhou. Sofrendo com o isolamento e sob a máscara de um intelectualismo frio, o ético espera ser liberto pelo humorista, que o desperta para a consciência da falta. O ironista é culpado, porque, diferentemente do humorista, recusa assumir a responsabilidade do que censura e, como consequência, pertencer ao grupo daqueles, que vitupera, do alto da sua orgulhosa suficiência.

À semelhança da ironia, que opera a transição entre os valores estéticos e os valores éticos, o humor permite o salto dos valores éticos para os religiosos. O sujeito de tal decisão é o cavaleiro da fé. Reclama-se de uma outra ordem: a do testemunho. Testemunha, com efeito, do que aprendeu com o Outro. É esta dimensão de exterioridade e de alteridade, que as interpretações sentimentais ocultam, adoptando um tom de pregador: as moralizantes, à maneira de Kant; as históricas, como a dialéctica de Hegel. O existente, vivendo uma situação "patética", é experimentado e interpelado por esta relação, que o reenvia à consciência absoluta da falta. Razão pela qual não cessa de se interrogar, angustiado, sobre esta identidade, que lhe revela a diferença, que o liga e separa do Absoluto.

V. A ordem ontológica

A filosofia de *Lavelle*, como a de R. Le Senne e de E. Dupréel, defende o que se poderia chamar uma ontologia do valor.[42] L. Lavelle parte da experiência do ser, que é inseparavelmente a do cogito, apreendendo-se inscrito no conjunto do ser do qual é parte integrante. Mas esta descoberta primordial situa-nos na encruzilhada de uma escolha. Coloca-nos face à natureza, que temos de contrariar e face à interioridade do nosso ser, que nos reivindica. Se superarmos a natureza, em vez de sucumbir à sua atracção, repensaremos o ser, que somos e que participa no ser. A liberdade refaz o caminho de uma génese. Aceitando o ser, esta reencontra o ser em acto, no acto de fé, que a religa ao espírito. Existe, segundo Lavelle, uma consubstancialidade entre a fé e o espírito, a qual se encontra no princípio do argumento ontológico. A teoria da participação, que é uma teoria do eu e de Deus, do tempo e da eternidade, do sujeito e da natureza, é o fundamento de todo o valor.

Os valores medem o grau de participação de um ser no Ser, mas também a tensão, que os separa. Realizando-os, eu atravesso, sem o colmatar, o intervalo, que me separa de Deus, que opõe o tempo e a eternidade. Deste modo, eu não sou exterior a Deus e Deus não me é exterior, como o tempo e a eternidade também o não são. É, pois, a uma inversão de perspectiva, que Lavelle nos convida: o ser particular é precedido pelo Ser, o tempo é precedido pela eternidade de que deriva, como o passado do futuro, que ao modificar lhe dá sentido. A ética de Lavelle tem como finalidade restituir o espírito ao ser e o ser ao espírito. Expressa em termos de despojamento, permanece optimista. A alegria triunfa do sofrimento, a felicidade da angústia. Memória de uma separação, os valores

---

[42] Ver L. Lavelle, *La dialectique de l'éternel présent*, 1: *De l'être*, Paris, Montaigne, 1947; *Traité des valeurs* (t. I: *Théorie générale de la valeur*, t. II: *Le systéme des différentes valeurs*), Paris, PUF, 1951-1955.

indicam-nos o caminho de regresso à presença, que a nossa finitude nos esconde. Aparentemente, o ser falta-nos, mas, na realidade, somos nós, que lhe faltamos.[43]

O pensamento de R. Le Senne é menos sereno, porque se centra na negatividade, no conflito e, finalmente, na transcendência do ser. Conduz a uma inversão das perspectivas precedentes. Não é mais o ser que funda o valor, mas é o valor o fundamento do ser. Mais próximo de Kant, R. Le Senne associa a experiência do valor à da incompletude do ser. Mesmo, se nós participamos no ser, este é ausência tanto quanto presença, dom e dado, transcendência e imanência. Nenhum conhecimento da unidade ou totalidade do ser, nenhum argumento ontológico, reclamando-se da clareza da experiência, nenhuma fé, que não esteja na base da intuição... O valor é a experiência desta ambiguidade ou desta mistura, que resulta do estatuto do próprio ser.

Lembremos as etapas principais do percurso ético, que decorre destes pressupostos. O conhecimento, que o homem tem do ser, é conflitual. A presença ontológica é, em primeiro lugar, experimentada como uma resistência. O ser, apreendido como "contra-ser" e como obstáculo, transforma-se em dever-ser. É, pois, a falta de positividade afecta ao ser, que lhe dá o perfil de valor, isto é, do dever. O ser, não sendo disponível como um facto ou uma realidade, surge como algo a conquistar, figura de um sentido, que deve ser realizado. Mas, num segundo tempo, da evolução do seu pensamento, R. Le Senne dissocia dever-ser e valor. Este apresenta-se, já não como uma tarefa a executar ou uma obrigação a honrar, mas como um apelo a respeitar e a ouvir. Depois de ter expresso a tensão interna ao ser, o valor identifica-se agora, com a plenitude do ser, realizada em Deus. A ética é, pois, a obediência ao dever, mas também a resposta invocadora à palavra interpelante do ser absoluto, situado para além do dever ser. De figuras do dever, os valores tornam-se os perfis de um Rosto invisível.

A concepção de E. Dupréel apoia-se numa ontologia e sobre o que ele designa de pragmatologia. A ontologia define uma ordem dos seres, comanda a pragmatologia, que funda a ordem da acção. Do encontro das exigências do ser e da acção, surge a ideia de valor. Porque os seres são consistentes, isto é, mantêm entre si relações complementares, em virtude

---

[43] Poder-se-ia ligar a esta problemática a de N. Hartman que, em *Éthique* insiste sobre o estatuto dialéctico dos valores.Estes são transcendentes ao tempo e à história, mas também "reais", na medida em que são realizados por pessoas (*Ethik*, Berlim, 1916).

das quais se distribuem em classes. A pragmatologia é, precisamente, o estudo da organização dos seres em conjuntos relacionais, que se implicam e condicionam e dos quais a classe das relações sociais e das biológicas mais não são do que aplicações particulares.[44] É, pois, na perspectiva da pragmatologia, que os valores manifestam as relações de similitude ou dissimilitude, de compatibilidade ou incompatibilidade, de diferença e de finalidade entre os seres: "Ser um sujeito de conhecimento é, em suma, manter o cuidado de salvar *valores*... Podem ser, evidentemente, valores superiores, tais como a justiça ou a verdade, valores dos quais não é difícil fazer perceber que, o que nos inspira a servi-los, é, em última análise, a manutenção da compatibilidade dos semelhantes superiores, entre os quais nós estamos".[45]

Mas a ideia de ordem, subjacente à lógica do ser e da acção, permanece relativa: "Uma ordem é sempre definida, relativamente a uma outra qualquer, previamente fixada e determinada".[46] Esta é a razão por que nós só apercebemos o valor como valor, ao relacioná-lo com um outro, ao qual, pelo menos nesse momento, nós o preferimos: "Apreciar um valor, é apreciá-lo como *superior*".[47] A experiência da consistência e transcendência tem como correlato a da precariedade. O que facilmente se compreende, pois, de acordo com Dupréel, a ordem não é análoga à escala dos valores de M. Scheler. Supõe, com efeito, uma transferência contínua de uns valores para outros; mas, não é a transferência, que funda o valor, é uma operação de promoção, realizada pelo espírito humano, isto é, "o seu modo de transcender para outros valores menos precários".[48] É a partir deste duplo critério de consistência e promoção que E. Dupréel propõe uma classificação dos valores: materiais, vitais, psicológicos, estéticos e absolutos (verdade, beleza, bondade). Esta análise integra as noções de convergência, precariedade e, sobretudo, de intervalo, que é complementar da ideia de ordem: "É graças a este não-ordinal, que é sempre possível utilizar as propriedades da ordem".[49]

---

[44] E. Dupréel, *La pragmatologie*, Bruxelles, Ed. du Parthénon, 1955.
[45] E. Dupréel, *op. cit.*, p. 63.
[46] E. Dupréel, *Esquisse d'une philosophie des valeurs*, Paris, F. Alcan, 1939, p. 52.
[47] E. Dupréel, *op. cit.*, 91.
[48] *Op. cit.*, p. 109. Ver a utilização, feita por E. Dupréel, da ideia de ordem em *Traité de morale*, t. II, Presses Universitaires de Bruxelles, 1967 (2.ª ed.), p. 285 a 458.
[49] *Op. cit.*, p. 300.

VI. A ORDEM COMUNICACIONAL

É difícil situar, de modo preciso, o projecto da ética desenvolvida por H. Jonas, no seu livro recentemente traduzido para francês: *Le principe de responsabilité*.[50] O autor apoia a sua demonstração em pressupostos, que cruzam a ontologia clássica e a fenomenologia de Heidegger, mas também numa análise lúcida e ponderada da modernidade técnica. Resumiremos o essencial da tese e examinaremos as consequências, que dela decorrem para uma filosofia dos valores.

H. Jonas critica a ética clássica, cujas ideias mestras de condição humana, de bem e de responsabilidade são incapazes, em razão da sua abstracção e impotência, de inspirar uma atitude duradoira, de esconjurar o poder tecnológico do homem contemporâneo e o utopismo, que este engendra. Os princípios, que uma ética do futuro deve reivindicar, são a previsibilidade e a responsabilidade. A previsibilidade tem por função definir, tanto quanto possível, o perfil do homem do futuro. Tarefa difícil, mas que pode realizar-se, desde que se leve a sério os sonhos científicos de hoje, que serão realidades amanhã. Convém, pois, por prevenção, escurecer o quadro, prevendo o pior para o evitar. Mas esta sombria profecia avança também com uma espécie de desafio, porque não se poderia deduzir os marcos referenciais de uma ética futura, a partir de um saber adquirido. Do mesmo modo, é com a questão radical da obrigação a ser da humanidade, que nós somos confrontados. Não se trata de saber, nem o que nós devemos fazer, erigindo em lei universal a máxima da nossa acção, nem mesmo o que devemos ser, mas antes de elucidar se devemos ser e de que modo. Uma tal formulação da ética implica uma concepção inédita da ordem, que atribui ao ser a preeminência sobre a vida. Pode-se descobrir o testemunho desta preeminência no sacrifício, que inclui implicitamente uma opção a favor do ser contra o não-ser. Compreende-se que tal decisão epistemológica e metodológica desloca o valor do pólo do dever-ser para o pólo do ser.

A par da previsibilidade, a responsabilidade é o segundo pilar deste discurso ético. Esta deriva do poder e não do querer. Pressupõe, de facto, que seja positivamente reconhecida, sob o modo da previsibilidade e da

---

[50] H. Jonas, *Le principe de responsabilité*, Paris, Desclée, trad. f. por Jean Greisch, 1990.

aposta, a obrigação de ser homem, o valor de ser, que o ser humano representa e realiza. Mas, uma vez confirmada esta escolha fundamental, que ocupa o estatuto de imperativo categórico, a questão ética formula-se sob o modo de limites do poder: "O que tu podes, tu o deves". Como tal, o que propriamente a caracteriza, é a antecipação, que pressupõe: o futuro impõe-lhe o princípio. Pois, é pelo homem de amanhã, que somos responsáveis. Ao projectar, no horizonte do devir, o que *deve ser*, antecipando o perfil da existência futura, o homem dá provas de um poder moral, capaz de limitar o seu poder tecnológico. Tal é a obra da responsabilidade, que retira o seu fundamento racional de um poder, que impõe ao homem como obrigação, e encontra o seu fundamento afectivo num querer resultante do desejo, cujas figuras clássicas são, sobretudo, o eros platónico, o respeito kantiano, a fruição da vontade nietzschiana, o temor religioso de Deus...

Na base da ética de H. Jonas, encontramos uma filosofia dos valores, de que salientaremos três aspectos essenciais. No plano da intenção, o valor identifica-se com o ser, concebido no sentido leibniziano do melhor. No plano do fim último, o valor resolve-se no conceito nietzschiano de progresso, mais do que no marxista de utopia. Porque a utopia é um mito: o da escatologia secularizada do novo Adão; e uma fé: a de uma transformação pacífica da natureza pela cultura, cumprindo-se numa sociedade sem classes. Mas o progresso exprime o avanço ético do homem, no domínio do saber e do poder-ser. Enfim, no plano de realização concreta, o valor aparece como um conjunto de fins e de meios, constituídos em "organon", no sentido aristotélico do termo. Também o fim de que se trata, não é o fim exterior, prosseguido como um objectivo, de que o sujeito estaria afastado: é o fim interior e imanente a um ser em processo de realização. O valor é a figura de uma ordem possível e finalizada, que o conceito kantiano de jogo recorta. Obviamente, se há uma fundação ontológica dos valores, convém relativizar, desta vez ao contrário de Nietzsche, a concepção triunfal da subjectividade. O sujeito é o lugar duma orquestração de fins. Compete-lhe produzir "uma música de acompanhamento", modulando, em contraponto, o conceito de uma teleologia, que o ultrapassa.

Se a ética de H. Jonas se apoia numa teoria do agir intencional, a de *J. Habermas* inscreve-se no campo de uma teoria do agir comunicacional.[51]

---

[51] J. Habermas, *Théorie de l'activité communicationnelle*, Paris, Fayard, 1986, 2 t.

Pressupõe, em primeiro lugar, uma desconstrução da problemática da ontologia clássica, que mantém a ilusão objectivista de um saber, desenraizado dos interesses práticos, que lhe dão forma e vitalidade, mas também da concepção marxista, segundo a qual as relações de dominação são de ordem económica, enquanto que, segundo Habermas, são doravante de ordem sociotécnica e cultural. Depois, tem em consideração uma nova redistribuição do campo do saber, operada em torno de três pólos de interesses dominantes, diga-se, de valores paradigmáticos: o interesse técnico, próprio das ciências exactas; o interesse prático, característico das ciências hermenêuticas, ditas ciências humanas; finalmente, o interesse emancipatório, que é específico da sociologia crítica, desenvolvida por Habermas.

Não iremos insistir mais sobre estes pressupostos metodológicos e epistemológicos, que são susceptíveis de contestação e revisão, tal como o próprio exemplo de Habermas o prova. É, na realidade, o interesse crítico emancipatório, que define o pólo da teoria do agir comunicacional. Este implica que se realize uma reflexão crítica, segundo um método inspirado na psicanálise de A. Lorenzer e que visa restituir a comunicação bloqueada pelas manipulações sócio-técnicas e políticas. Ora, o campo desta hermenêutica crítica é a razão comunicacional, exprimindo-se no duplo nível da compreensibilidade e da verdade, ou, em termos chomskyanos, da gramaticalidade e dos actos de linguagem. Esta razão, consubstancial à linguagem, é uma razão prática, querendo o advento da razão *(Wille zur Vernünftigen)* e realizando, a esse título, o seu fim imanente, que é a comunicabilidade discursiva.[52]

Segundo Habermas, a razão comunicacional desenvolve-se a montante dos valores, não só por que depende de interesses práticos específicos, mas também porque desenha um espaço dialógico, no horizonte da opinião pública. Ora, é neste campo, que se inscrevem os valores dependentes do consenso fundador do mundo-em-comum. Mas estes valores, actualizados na troca e na conversação, ordenam uma ética da discussão, que não pode deixar de recorrer à pragmática linguística. Há, pois, duas perspectivas éticas, que se misturam no acto da razão comunicacional: uma, transcendental e dialéctica, a outra, simbólica e linguística. A primeira situa-se no plano do exercício da interacção subjectiva; a segunda, no plano da repetição "tética" dos valores supostos.

---

[52] A razão é, neste caso, a faculdade do razoável, não do racional.

A ética de Habermas realiza-se no espaço do trabalho e da interacção. É, indissociávelmente, práxis e reflexão, posição e representação de valores. Se se reclama do conceito weberiano da racionalização, recusa a tese, que lhe está conexa: a dos "tipos-ideais" ou "das esferas de valores" autónomos. Propõe uma reflexão sobre os fins, isto é, sobre os valores imersos na prática.

O modelo de acção, tal como o descreve Habermas, comporta vários aspectos, que compõem o perfil dos valores éticos. O primeiro, de natureza teleológica, exprime a racionalidade do agir do sujeito, sob o ponto de vista da eficácia das regras técnicas utilizadas; o segundo, de natureza axiológica, exprime a mesma racionalidade, mas do ponto de vista das normas ético-jurídicas, que servem de referências; o terceiro, de natureza dramatúrgica, exprime-a, do ponto de vista da representação *(Selbstdarstellung)* realizada pelo sujeito da acção face ao público. Mas estes três aspectos não bastam para fundar a comunicação. Um quarto aspecto, que se revela ser o mais importante, é ainda exigido. Pressupõe que o actor possa ajustar as suas intervenções à interpretação, que deve realizar. Assim, os caracteres teleológico, axiológico e dramatúrgico, adquirem a sua dimensão ética, logo que são submetidos ao gesto de uma hermenêutica situacional, para serem revistos e repostos. É este último valor, a verdade, que confere, segundo Habermas, a sua perfeição aos três valores precedentes: o da eficácia, o da justeza e da justiça, por último, o da convicção, que anima os factos, as palavras e os gestos do suposto actor.

Se os valores nascem do consenso, compreende-se que não tenham estatuto transcendental e permaneçam submetidos à interpretação imanente à actividade comunicacional. K. Otto Apel, em *L'éthique à l'âge de la science*, parte da mesma problemática.[53] Adopta o modelo do sujeito kantiano, ao qual subtrai, todavia, a sua posição transcendental, para o ancorar nos jogos da linguagem comunicacional. Pois permanece fiel à tese de Wittgenstein, segundo a qual a linguagem é a medida transcendental da validade de todo o conhecimento. É esta tese, por ele desenvolvida, que tenta operar uma convergência entre as opções fenomenológicas, existenciais e hermenêuticas da filosofia anglo-saxónica. Deste ponto de vista, mede-se a diferença existente entre o caminho empírico de J. Habermas e o caminho transcendental de K. Otto Apel.

---

[53] K. Otto Apel, *L'éthique à l'âge de la science*, Presses Universitaire de Lille, trad. fr., 1987.

Karl Otto Apel, no ensaio sobre o *a priori da comunidade comunicacional e os fundamentos da ética*[54], procurou ultrapassar a oposição entre uma compreensão cientista da fundamentação intersubjectiva e uma compreensão arbitrária, articulada à subjectividade do indivíduo isolado. É a análise dos pressupostos da comunicação, que lhe permite levar a bom termo esta tarefa, mas também a viragem, que opera no sujeito kantiano, erigido em instância de auto-reflexão transcendental: "Neste contexto, basta pensar-se nas novas disciplinas hermenêuticas da história das ciências e das tecnologias e da ciência interdisciplinar das ciências. Estas disciplinas, hoje em dia controversas, adquirem, graças ao postulado da *realização da comunidade ideal de comunicação*, o seu *princípio regulador*, no sentido metodológico *e* ético-normativo de um fundamento dos juízos de valor, que não é relativo nem ao gosto nem à subjectividade do querer"[55]. Assim, os valores apresentam-se como as decisões prévias, implícitas, de onde partem, fatalmente, os parceiros de uma dada comunidade comunicacional. São, consequentemente, estes, que todo o projecto ético, qualquer que seja, visa interpretar.

---

[54] É o sub-título de obra precedentemente citada.
[55] *Op. cit.*, p. 136.

CAPÍTULO VI
O JUÍZO ÉTICO

A questão fundamental, que as reflexões precedentes sobre a noção, o fundamento e as teorias dos valores, tornaram ainda mais urgente, respeita o que se designa por juízo ético. De nada serve filosofar sobre os valores, se não se mostra como estes vêm a orientar o comportamento concreto do homem. Seria insuficiente terminar esta reflexão, limitando-nos a enunciar que, ao agir, aplicamos os princípios recebidos pela educação e aos quais demos o nosso assentimento. Se os valores são menos normas transcendentes do que figuras de um mundo comum, onde se sobrepõem: a imagem do corpo, as exigências de palavra e a lei do desejo, constituem referências e projectos de acção, que não poderiam, todavia, existir sem serem reconfigurados e, em grande parte, inventados. Os valores são, ao mesmo tempo, modelos e referências. Modelos, isto é, ideais, que derivam de duas instâncias: uma racional, que se exprime através de arquétipos universais; a outra cultural, representando tipos-ideais, adaptados às aspirações de um determinado grupo. Referenciais, sobretudo, isto é, limites e direcções, que nascem de um confronto hermenêutico entre uma situação concreta e os modelos, que servem de referências. Razão por que se pode dizer que os valores, ao ultrapassarem a acção, a título de modelos, são inventados para e pela acção, a título de referenciais.

Ora o juízo ético articula estes dois planos. Relendo uma situação particular à luz dos modelos, mas também relendo os modelos à luz da análise desta situação, aquele transforma estas direcções em orientações, ou, ainda, em finalidades. Tais são os valores: referências, que, transpostas sobre um campo de circunstâncias contingentes, proporcionam ao sujeito os referenciais, permitindo-lhe inventar um projecto de liberdade.

I. O LUGAR PRÓPRIO

Situando-se na retaguarda do juízo moral, o juízo ético testemunha a sua marginalidade. Sublinhemos-lhe os caracteres específicos, antes de definir o jogo do seu funcionamento, no plano de determinadas práticas conhecidas.

O juízo moral determina, positivamente, o estilo da acção a empreender. Mesmo se formulado negativamente, acentuando os interditos a respeitar, este tem como finalidade essencial dizer o que é preciso fazer, à luz de valores ideais, assimilados a máximas, que decorrem de um imperativo categórico. Ora, é precisamente esta figuração normativa da acção a realizar, que o juízo ético recusa. Este exprime-se de modo negativo, exclusivamente e sobretudo, sobre o que não se deve fazer, deixando ao sujeito a possibilidade de inventar, entre estes limites, o modo de conduta a seguir. Pressiona-nos, por esta via, a inventar, de todas as vezes, a boa solução, mesmo quando esta não é a última palavra em originalidade, atendendo às atitudes comummente adoptadas.

Um outro carácter, que decorre do primeiro, separa estes dois tipos de apreciação. O juízo moral é, deduzimo-lo facilmente, universal e transcendental. Não pode haver, aí, dois pesos e duas medidas. Todo o valor é um símbolo do absoluto; se a mesma norma de verdade é válida para qualquer lugar, o discernimento do erro será submetido aos mesmos critérios. Mas o juízo ético é, especificamente, particular, circunstanciado e relativo. O que, de modo algum, significa que seja arbitrário, fantasista e aleatório. É estabelecido pela razão, mas por uma razão histórica, que interpreta as normas à luz dos factos, precisamente, porque os factos atestam, por si mesmos, uma finalidade escondida; mas também interpreta os factos à luz das normas, que enquanto tais, são condensações ou continentes de finalidades possíveis. O juízo ético põe à prova a razão hermenêutica.

A terceira característica, em nossa opinião, é essencial. Se a validade do juízo moral resulta de um *a priori*, este é independente da apreciação ou da escolha dos sujeitos, a quem resta ou subscrevê-lo ou transgredi-lo. O imperativo é anónimo, em virtude da sua universalidade. Ecoa em jogos de linguagem bem conhecidos: é preciso, deve-se, é obrigatório, só resta... O juízo ético, ao contrário, compromete o sujeito, que o formula, mas não da maneira segundo a qual qualquer indivíduo se apropria de um juízo moral, pela impossibilidade de fazer de outro modo. Aquele é, simultaneamente, produzido pelo sujeito, que testemunha, através do mesmo, a lei de um desejo, do qual não abdicará. Neste caso, não há distância entre a formulação objectiva e a intenção subjectiva. Seria um erro, todavia, se opuséssemos, radicalmente, estes dois tipos de juízos. O juízo ético apresenta-se, com efeito, como uma *contestação hermenêutica* do juízo moral, que, posto *a priori*, o precede. Na realidade, é no termo de um conflito, comprometido entre as exigências singulares e particulares de um conjunto de contingências, por um lado, e, por outro, os ideais normativos e o objectivo de uma razão universal, que se desenha o perfil da conduta a ter, o projecto de acção a fazer, a natureza do objectivo a promover. Se, diferentemente do juízo moral, o juízo ético é introduzido por expressões tais como: é-me necessário, eu devo-me, é-me impossível... este emerge no termo de um confronto, de uma negociação e de uma decisão, que não exclui nem a dúvida, nem a incerteza. O mesmo é dizer até que ponto é paradoxal. O sujeito, que está em jogo, não é dono do jogo: decide-se, mas como sujeito leitor, ultrapassado pela interpretação, que faz de uma determinada conjuntura.

O juízo moral e o juízo ético diferem, essencialmente, pelos modelos de saber de que se reclamam. O saber moral, como já o acentuámos, é universal e *a priori*, fundamentalmente teórico. Tal não é o estatuto do saber ético, que apela à virtude do razoável mais do que à do racional. É, pois, ao mesmo tempo, teórico e prático, pragmático ou praxiológico. O juízo ético produz o saber, em virtude do qual o sujeito assume as suas decisões. Mas o saber teórico da moralidade opõe-se não só pela lógica racional, que o consubstancia, mas também pela transparência apodítica, que reivindica. Este não é atravessado pela sombra da dúvida, nem assediado pelo espectro do génio maligno, insinuando que o sentido desvelado é belo demais para ser verdadeiro. O saber, que constitui, ao mesmo tempo, o horizonte e o objecto da visada do juízo ético é frágil e vivo como a linguagem da fé, sólido como é a confiança com que se honra outrem e com a qual nos honramos a nós próprios. Está delimitado pela clausura de um *não-saber*, intransgressível. Razão pela qual, uma vez enunciado, expõe ao risco e à incerteza o sujeito envolvido, tal como se expõe à reprovação, à rejeição ou à violência dos que se agarram às certezas do consenso dominante. Este momento de rotura, que o juízo ético introduz no tecido do saber, é o da irrupção dos valores. Enquanto a consistência do saber reside na coerência e transparência, não pode haver uma experiência dos valores. Estes revelam-se, apenas, através da interrogação, da dúvida ou da incerteza, em suma, de uma dupla constatação, incidindo sobre a interpretação dos modelos e sobre a da acção histórica.

II. O DISCURSO DE REFERÊNCIA

1. **Os conflitos** – Em virtude do seu carácter *marginal e paradoxal*, o juízo ético dá vida aos valores abstractos da moral, aos valores codificados do direito, aos valores postos em jogo no ritual cultural, aos valores reguladores da deontologia. Submete, em primeiro lugar, a moral definida *a priori* a uma revisitação, que dá conta de certas particularidades e das situações de excepção. Intervém, depois, para suavizar a rigidez da lei jurídica e colmatar as lacunas, que paralizam a aplicação da justiça. A jurisprudência e o comentário da lei, por esta reivindicada, são o fruto do diálogo hermenêutico entre as exigências éticas e as normas jurídicas. Mesmo em relação ao ritual cultural, o juízo ético acusa um recuo. Desenha o lugar neutro, a partir do qual as diferenças culturais são situadas e apreciadas, não só pelas pessoas, que lhes são estranhas, mas também pelas que lhe pertencem. Permite, igualmente, medir com justeza as especificidades linguísticas, religiosas e políticas e, por conseguinte, cultivar este olhar paradoxal, que possibilita a cada um de nós ver-se no exterior de si e perceber, tanto quanto isso é possível, o outro do interior. Enfim, este não se ajusta *a priori*, às regras da deontologia, que sancionam os limites de um espaço comunicacional, aberto ao exercício de uma dada profissão. Efectivamente, pode transgredir certas práticas que, mesmo legais, são injustas e inspiram o recurso a outras que, embora ilegais, permanecem equitativas.

Como se revela óbvio, o juízo ético realiza um reajustamento contínuo das regras à prática, exigido por esta. Com justa razão, Aristóteles compara-o ao trabalho do artesão, cuja arte *(technê)* é a de adaptar à situação as regras do agir, para melhor regular a acção sobre as coisas. O artesão dispõe, na verdade, de quadros *a priori*, que adquiriu no decurso da aprendizagem, a que se submeteu. Mas o homem, que, para julgar uma situação, apela à sabedoria *(phronêsis)* moral, refere-se a normas mais afastadas e distantes da realidade. Por isso, apela a um saber-fazer que, ao inventar regras mais adaptadas às circunstâncias, assegura a função de ligação entre leis abstractas e a experiência mutável.

Relativamente a certos costumes ou a certos *princípios de excepção*, conhecem-se peritos privilegiados deste funcionamento marginal e paradoxal. Segundo Aristóteles a epiqueia exprime a possibilidade de ultrapassar, em situações raras, a lei. Ninguém é obrigado a fazer o impossível.

Mais significativa é a regra da equidade, em virtude da qual o moralista, que habita o jurista, apela às supostas exigências de um direito natural, para atenuar as insuficiências do direito positivo. Poder-se-ia ver no conceito aristotélico do "deinon", que caracteriza a atitude "monstruosa" do perverso, que se ri da lei, a realização negativa do poder ético, que zomba da moral. Pouco importam as figuras destes casos de excepção, inscritos na margem ética por eles desenhada. Protestam, sob o modo formal do direito, a possibilidade de um ajustamento ético, que testemunha a valência do espírito da lei contra a própria lei. Não erraremos se interpretarmos este paradoxo, à luz da conhecida regra medieval da recepção da lei *(receptio legis),* de acordo com a qual, uma lei vai buscar a sua força e validade à sanção, que lhe confere o acolhimento da comunidade, a que foi destinada.

2. **Economia e política** – É o juízo ético, que transforma em valores, códigos, regulamentos, lei, normas, interditos... Sem dúvida, porque a sua função é, em primeiro lugar, a de ajustar e reajustar as exigências da vida aos constrangimentos da moral, do direito, dos estilos culturais e da deontologia. É este trabalho incessante de "justiça" e de justificação, que está destinado a realizar. E isto, antes de mais, porque joga, como recurso externo, com o desejo dos respectivos sujeitos. Até à modernidade, o que se designa por ética, exerce-se no interior dos constrangimentos da legislação e, em consequência, subordina-se ao discurso político. Tem como referência última o conceito de justiça, que denota tanto uma virtude particular quanto o valor fundamental, sempre em reinvenção, e que preside ao acordo entre as outras virtudes. Mas quando a noção de *sujeito do pensamento e do desejo* substitui a de sujeito jurídico ou de "pessoa" *(personna),* aquela ganha uma outra significação. É mais em nome de um protesto interior do que em nome de exigências objectivas, como as que presidem à harmonia da vida da cidade, que esta se impõe. Deste modo, não representa tanto uma margem de jogo disponível quanto um novo desafio da verdade, que se cumpre no jogo de reciprocidade das vontades.

Com o surgir da subjectividade, o centro da ética desloca-se do pólo da justiça para o do *respeito*. Certamente que a justiça não desaparece do horizonte; mas interpretada, não tanto à luz das normas, editadas pela concordância universal dos seres e das coisas, quanto no horizonte das exigências ditadas pelo encontro respeitoso dos sujeitos. A pergunta pelos valores, na realidade, desloca-se, então, para um outro campo, o de uma economia, que conquista uma posição superior à política. Compreende-se melhor, agora, porque a filosofia dos valores, já em germe na filosofia da subjectividade, só aparece explicitamente no século XIX, mercê do discurso economicista de que se apropria. Quando isto acontece, distancia-se do discurso político, que, doravante tributário da ideia de Estado, tornava problemáticos os conceitos de acordo, harmonia, justiça, definidos até então no quadro limitado da "cidade".

Se pretendêssemos ilustrar esta oposição, poder-se-ia comparar *duas perspectivas epistemológicas*: a da *Ética a Nicómaco* com a dos *Fundamentos de Metafísica dos Costumes*. A ética aristotélica é inseparável de um projecto político: a ideia de justiça, que funciona sob o modo da analogia atributiva e distributiva, preside à ordem política. Mesmo, se se tem em consideração situações de excepção, permanece ao serviço da instituição e, consequentemente de uma visão hierárquica da sociedade, que reconhece senhores e escravos. A ética aristotélica é, de facto, uma moral, que garante os princípios da coexistência dos cidadãos no interior da cidade. Não poderia, em caso algum, justificar uma subversão, mesmo mínima, da ordem estabelecida, o que é proibido por uma escala imutável de valores.

Não é necessário examinar detidamente o horizonte da moral kantiana, para que nos apercebamos que esta se ergue no termo de um outro caminho. Aqui, o sujeito da Lei, isto é, de uma ordem a instaurar, substitui o cidadão da ordem estabelecida. Certamente, que se poderá objectar que a moral kantiana está ligada ao imperativo categórico. Mas, como se sabe, esta última categoria é vazia de conteúdo, ao contrário da lei política. Aquela simboliza uma instância formal, forçosamente negativa, pois exclui toda a heteronomia, isto é, toda a submissão da vontade a outras instâncias. Querer é obedecer ao seu desejo. Mesmo se as máximas explicitam, num segundo plano, o carácter universal do imperativo e as implicações deste último, no plano da relação com o outro e no das relações entre a natureza e a liberdade não têm, todavia, nenhuma pretenção a instituir uma visão hierárquica do mundo. Sem qualquer conteúdo, não têm outra função que a de determinar limites. Diferentemente das regras, de que o homem se pode vangloriar de ser o autor e que orientam a sua acção concreta, aquelas apenas formulam interditos. Considerando o espaço teleológico, onde adquirem a figura de finalidades, mesmo assim, nada mais nos proporcionam que orientações e espaços vagos de esquemas de acção. Compete ao sujeito do desejo transformar em conteúdos estas modalidades, dito de outro modo, em valores estas visadas.

Com Kant, encontramo-nos num espaço, que não é o da política. É para uma experiência económica, resultante de um duplo nível, que somos conduzidos. O primeiro, que é fundamental, exprime a relação do desejo com a Lei. Surpreenderá, talvez, que qualifiquemos com este termo a determinação radical do imperativo. Mas, se bem reflectirmos, compreender-se-á a razão por que o fazemos. Se a Lei é interior ao desejo, a tal ponto que é o próprio desejo, que se subordina à Lei, que este a si mesmo dá, então esta inaugura uma nova ordem das coisas, de onde os determinismos e as predeterminações se encontram ausentes. Obedecer ao imperativo e às máximas é reconhecer-se o criador de tal ordem. O segundo nível refere, como facilmente se pressupõe, a realização concreta dos fins. Passamos da experiência do ajustamento do sujeito à Lei, à do ajustamento das máximas às regras. O sujeito define os eixos de uma acção, que correspondem, no melhor dos casos, às exigências previamente postas. A moral de Kant é, de facto, uma ética, que substitui o discurso político pelo discurso de uma dupla economia, que duplica, no plano do sujeito e das regras, a relação fundamental, que liga o desejo à Lei.

III. O espaço

Falámos, por várias vezes, de margem, jogo e desvio. Precisamos, agora, delimitar, de modo preciso, este espaço reservado à ética, que, fundado sobre a instituição de uma ordem económica irredutível ao político, nos abre novas possibilidades de transacções, melhor dito, um meio apropriado a uma nova maneira de instituir os valores. Pouco importa se estes são antigos ou novos: o que está aqui em consideração é o modo como são propostos. Ora, o imperativo kantiano comporta, em nossa opinião, dois aspectos inseparáveis, figuras de dois interditos fundadores: o do Éden, o do homicídio.

1. **Os limites ou interditos** – Comecemos por situar e explicitar a primeira determinação. A Lei kantiana é, no sujeito, a marca do *Outro*, que o

habita. Indica, consequentemente, que o sujeito não é para si a sua própria lei, mas que a recebe do Outro. O desejo só existe "para o ser" ferido e dividido. A ferida e a divisão são o traço de uma exterioridade não tematizável, que transforma o seu narcisismo em capacidade de acolhimento. Não há dúvida: este não é propósito explícito de Kant. Todavia, tal interpretação permanece fiel ao espírito da sua problemática. O imperativo categórico, figura da Voz, que Deus faz ecoar no coração de Abraão, implica uma rotura com a visão adâmica do Sagrado, da plenitude ou ainda, como diria Kant, do sentimento patológico.

A Lei traça um ponto de não-regresso. Tal é o limite, que ninguém poderia transpor, sem se condenar a regredir. Mas, se tiver em atenção este interdito inicial, o sujeito inverte-o, por assim dizer, em interdito final. Reivindicar o fantasma da plenitude é condenar-se à morte, mas é também condenar à morte o Outro. Se um indivíduo reivindica a sua plena autonomia, nega o Outro, que o atravessa. A possibilidade de assassinato do outro é o reverso do suicídio. Na verdade, foi esta correlação profunda, que Rousseau e Schopenhauer quiseram salientar a partir de uma análise da piedade, que Nietzsche, obcecado pela auto-afirmação do poder da vontade, não quis aceitar.

De facto, eu só posso sentir piedade pelo outro, se, em mim, no desejo de viver e na auto-estima, eu sou já um outro que eu mesmo. E, inversamente, é justo observar, se outrem se apieda de mim é porque lhe merece respeito o Outro, que o constitui.

Recusar a outro a piedade, é negar o Outro que eu sou. É óbvio que esta constatação não está explícita em Kant de forma tão acultante. A seus olhos a piedade não passaria de um pensamento patológico, desviando o sujeito do puro interesse pela Lei; enquanto aquela é um sentimento fundamental, ligado a uma experiência comum de finitude. Mas é, precisamente, em nome do interesse "ontológico", que se tem pela Lei, que ninguém pode renunciar a ser este outro diferente de si, que o faz existir, seja sob a forma de suicídio moral, seja sob a de um assassinato real. Todavia, quando se radicaliza a ética a este extremo, apagam-se as distinções clássicas: o homicídio real de outrem é condenado em nome de uma exigência simbólica, que funda a realidade de si: o homicídio simbólico de si é condenado em nome de uma exigência real, que funda a estrutura simbólica do si. A proibição do incesto é a figura retrospectiva do interdito do homicídio.

É entre estes dois limites de renúncia, que o juízo ético se exerce. De um lado, fazemos a experiência de submissão da natureza à lei, ou, como se diria na linguagem judaico-cristã, da perda irremediável do Éden. No outro extremo, preferimos sofrer a injustiça a cometê-la, ou voluntariamente nos submetermos ao: "Não matarás" bíblico. É significativo que encontremos formulados estes dois limiares, tanto na tradição filosófica da *República* e do *Górgias*, como na tradição religiosa do *Génesis* e do *Deuterónimo*. Tudo se passa como se o discurso metafísico e o da narrativa bíblica derivassem de uma mesma perspectiva ética. É, sem dúvida, esta visada comum, que Kant se empenhou a explicitar. Encontra-se a sua formulação nas três máximas bem conhecidas: a que nos convida a procurar o critério da nossa acção na ficção necessária do universal, corresponde ao interdito inicial; a que nos impõe que respeitemos o outro e, consequentemente, que o tratemos como um fim, mesmo se, ao mesmo tempo *(zugleich),* somos constrangidos a tratá-lo como meio, em situações incontornáveis, revela-se-nos como uma transposição filosófica do: "Não matarás".

2. **O meio termo e as regras** – A terceira máxima kantiana exprime o espírito, que deve orientar o nosso juízo, que se exerce entre *estes dois extremos*. Convida-nos a submeter a natureza à vontade. Tarefa indefinida, para a qual os valores estéticos nos preparam, mas que devemos realizar na história. É no meio termo aberto por estes limites, que temos de nos decidir e experimentar o poder da nossa liberdade. Certamente, que neste espaço as referências não nos faltam, são-nos dadas, como já o salientámos, sob a forma de finalidades. Mas há que lhe atribuir um conteúdo, resolvendo-nos a "escolher" o tipo de acção, que nos permita, o melhor possível, submeter e dominar a natureza. É, pois, no interior de um projecto, que estas referências se transformam em referenciais e, finalmente, em valores.

Neste meio termo, o sujeito livre dá-se a si as regras da sua acção. Certo, que estas são provisórias, à imagem da moral preventiva a que Descartes se remete. São inventadas para responderem às urgências da acção. O pensamento pode-se sempre suspender *(epoké),* mas a vida, essa, não espera. O juízo ético tem, assim, por função definir as regras, que nos autorizam a ajustar as finalidades às circunstâncias complexas e às dificuldades, por vezes, insolúveis da vida. Mas apoia-se para isso no consenso: o que se alcança maioritariamente, que permite "regular" sem fractura a situação; ou o que convém promover contra o primeiro, sempre que este nos impede de encontrar uma solução decente e respeitadora dos sujeitos. Compreende-se, facilmente, que é de uma revisão contínua do consenso, que nasce o juízo ético. Este obriga-nos a manter o espaço dialógico necessário, para reinterpretar as finalidades no contacto com o real. De um lado, os valores precedem o consenso, a título de referências normativas: os parceiros do diálogo não renunciam à verdade, ao amor, à justiça, à vida... Mas, por outro lado, os valores provêm do consenso, que os transforma em referenciais, ao projectá-los em figuras concretas, encarnando projectos, programas e objectivos, que representam o jogo e o desafio destas regras, saídas de um consenso novamente expresso.

IV. A QUESTÃO

O juízo ético encontra-se formulado na seguinte pergunta: "Até onde é que eu posso, até onde é que nós podemos ir?". É, com efeito, ao interrogarmo-nos sobre as nossas *possibilidades*, que definimos o quadro, se não o perfil, da nossa acção. Somos continuamente colocados diante de escolhas a fazer, de selecções e de triagens a efectuar. De nada serve procurar no dever a regra do nosso poder. Permaneceremos, se o fizermos, prisioneiros de um discurso moral e normativo, que nos deixa muitas vezes divididos, impotentes e, por isso mesmo, culpados. Não é o dever-ser, que define o poder-fazer, mas é o poder-fazer, que define o dever-ser.

Uma tal inversão não tem por objectivo substituir, como o preconiza sem razão H. Jonas, o juízo categórico pelo juízo hipotético.[56] Seria errado dizer que são os meios, que ordenam o fim. Mas convém repor, individualmente ou em diálogo com os outros, a questão fundamental dos limites a respeitar. É, muitas vezes, por não ter definido, de princípio, claramente, o campo prévio da escolha, que ficamos paralisados ou hesitantes diante da solução a adoptar. Como o mostrou Szondi, é do interior do destino, resultante da inscrição dos nossos limites num espaço simbólico, que podemos fazer opções e apostas para o futuro.

---

[56] H. Jonas, *Le principe de responsabilité*, op. cit.

O JUÍZO ÉTICO

Questionar o poder não relativiza as *máximas* do imperativo categórico. Bem ao contrário: este é o modo pelo qual o sujeito apropria, na linguagem das regras, os limites radicais confirmados pelas máximas. Assim, a proibição de matar não é transgredida, se eu me pergunto, por exemplo, face a uma situação de eutanásia: que significa "não matar", neste contexto e nestas circunstâncias particulares, atendendo à opinião das pessoas interessadas? Obviamente, é sempre a questão: "Que devo fazer?", que inspira a: "Que posso eu fazer?". É conveniente discernir três limiares no desenvolvimento da questão ética para um melhor esclarecimento. Neste horizonte, referenciamos, em primeiro lugar, o limiar formal e negativo, mas fundamental, do imperativo categórico. Depois, discernimos o limiar problemático do poder-fazer, que acabámos de invocar. Finalmente, impõe-se-nos o limiar programático do dever, propriamente dito, isto é, da tarefa a realizar. Compreende-se melhor, desde logo, como se articulam estes três limiares. O do poder é medianeiro entre o do imperativo e o do dever. Este retranscreve, efectivamente, no plano das capacidades do sujeito, os limites intangíveis do campo ético. É a esta mesma capacidade, que o dever, entendido como um projecto concreto, dá forma e corpo.

No nosso tempo, em que os avanços da ciência realizam os nossos sonhos mais ousados, sentimos, como nunca antes, a necessidade de referências. Na realidade, Heidegger tem razão, ao considerar como uma ameaça, na senda de Husserl, a técnica ou o também chamado cientismo. A técnica é o "eros científico", que se impõe em "telos espiritual da humanidade europeia", isto é, em modelo ético. Indubitavelmente, pode-se descobrir, na base desta visão, o que Husserl chama o racionalismo e o naturalismo, ou que se designaria à vontade de fideísmo, na medida em que a ciência, erigida em mito, pretende substituir a religião. Tal doutrina não nos deveria surpreender. Mito e religião perguntam pelo sentido e pelo valor, que tentam compreender. Mas a ciência e a técnica interessam-se pelos factos e pela experiência, que a todo o custo pretendem explicar. Ora estas duas visadas coincidem, graças ao que J. Monod chama uma "ética do conhecimento". Nenhum pensador sério ousaria contestar um tal projecto, na condição, todavia, de que este último se limite a uma ética do conhecimento científico, constituído por exigências de coerência, validade e de eficácia, sem pretender impor-se como ética universal de todo o conhecimento, que o homem deveria assumir, "considerando-a *axiomaticamente* como a condição de autenticidade de *todo* o discurso ou de *toda* a acção".⁵⁷ J. Monod, ao erigir o todo sistémico em princípio de toda a ética, postula o sentido mesmo desta totalidade. Transgride a passagem do facto à norma, quando faz o desvio pela exigência da coerência do conjunto. Porque o sistema é uma construção relativa ao sentido, que aquela pressupõe. Monod descobre o valor na clausura, na saturação e na completude. Se acordássemos em determinar, no espaço sistémico, o lugar de emergência de uma axiologia, seria necessário procurá-la, nas falhas e nos pressupostos indecidíveis do sistema formal, que K. Gödel estabeleceu, em 1931, nos teoremas ditos de "incompletude". Nascendo, da dupla experiência de uma falta e, para falar como J. Nabert, de algo injustificável, os valores são as referências indispensáveis, inferidas pelo homem, a partir da experiência da sua incontornável finitude.

---

⁵⁷ J. Monod, *Le hasard et la necessité*, Paris, Le Seuil, p. 192.

CONCLUSÃO

A filosofia dos valores abrange uma *corrente de pensamento* particular, que se desenvolveu entre os meados do século XIX e os do século XX. Nascida no clima do pensamento do utilitarismo anglo-saxónico, atribui-se a tarefa de fundar a ética sobre uma economia da vida. Explicitou-se, em seguida, sobre os terrenos da crítica: a de F. Nietzsche, de S. Freud, de J.-P. Sartre e do seu discípulo R. Polin e, finalmente, de M. Heidegger. Refutá-la continua a parecer fácil. O conceito de valor condensa muitas ambiguidades: as do idealismo platónico, da visão medieval do mundo cristão, da filosofia do sujeito, da reflexão transcendental, do liberalismo económico, da teologia do mérito... Mas, nem por isso, desapareceu do horizonte do pensamento. Reencontrou mesmo uma renovação de vitalidade, mercê das correntes do pensamento: existencialistas, personalistas e fenomenológicas, mas também graças a uma reflexão sobre o ser, conduzida por pensadores isolados, como L. Lavelle, R. Le Senne, E. Dupréel.

Mais do que um conjunto de teorias, organizadas à volta de um mesmo objecto, a filosofia dos valores caracteriza a visada do pensamento ocidental, fundada sobre uma concepção dicotómica do ser, partilhado entre o eros e a ideia, o "apetite" e a percepção, a vontade e o entendimento, o desejo e a representação. Basta que a visão intelectual do ser se inverta em proveito da sua visão afectiva e "apetitiva", para que a questão do valor se imponha para sempre ao pensamento. Mas independentemente desta inversão, a determinação axiológica está inscrita na visada eudemonista do pensamento ocidental, preocupado, desde a sua origem, em saber se a virtude e, por via de consequência, a felicidade se ensinam. É bem no horizonte de uma concepção ainda implícita dos valores, que os ideais aparecem como causas e modelos, que o sujeito surge do acto da sua própria afirmação, que Deus é reivindicado como o "justificador" e o legislador do conhecimento, que o desenvolvimento da ciência e da técnica nutrem uma fé ingénua e quase religiosa num futuro melhor do homem. Por mais paradoxal que possa parecer, é bem na pergunta do porquê do ser, que se concentra e se condensa a interrogação sobre o valor. Como o mostrou Heidegger, o "porquê" articula uma significação, ao mesmo tempo, causativa e teleológica. É esta segunda que, com Leibniz e Schopenhauer,[58] passa a ter a primazia. Pressupõe que a razão do ser seja a do melhor. Questionar o ser é, de imediato, inventariar o valor do ser. É dizer "quanto" o pensamento ocidental, embora sob a máscara do trágico, que por vezes pede emprestada, é um pensamento, profundamente, optimista. O *ser* vale, qualquer que seja: existente, Deus, liberdade, vida... *Vale* o seu preço. É a figura do Bem, situado para além do bem e do mal. Se nos colocarmos, neste ponto de vista, não poderemos invocar o pessimismo de certos pensamentos contemporâneos, para infirmar este juízo. Bem pelo contrário, este encontra-se confirmado. O desencanto e a desilusão revelam-se como reacções de protesto desiludido diante do ser, que parece ter perdido o brilho do seu valor de outrora.

Hoje em dia, a reflexão sobre os valores estende-se aos domínios da *comunicação* e da *linguagem.* A comunicação realiza-se a partir de um campo potencial de valores, que ela reactiva. Reenvia-nos, desse modo, para o seio de uma cultura, que desempenha, nesta perspectiva, o duplo papel de espaço e de objecto transicionais. Pela comunicação é todo um património de referências, que se organiza, constituindo, segundo Appel e Habermas, os *a priori* fundamentais de uma ética comunicacional. O segundo domínio a que se estende a reflexão sobre os valores, é o da linguagem. A distinção, argumentada por Austin, entre os enunciados constatativos e os performativos, retoma, sob um outro aspecto, a distinção clássica, criticada por E. Durkheim, entre juízos de facto e juízos de valor. Certamente que os valores são afirmados no plano performativo, sob a forma do compromisso, analisado por Austin, da promessa, definida por Searle, ou ainda, do consenso, avançado por Habermas.

O que não nos permite deduzir que o enunciado constatativo não implique, de um modo pelo menos implícito ou indirecto, nenhuma referência aos valores. Parece, com efeito, que a distinção estabelecida por Wittgenstein entre os três tipos de juízos constatativos: os vazios de sentido ou analíticos, os portadores de sentido e os sem sentido, pressupõe uma referência implícita aos valores. Na realidade, estes apenas se explicitam, quando o sujeito, ao comunicar, articula o plano ilocucionário do sentido consensual com o plano inter-locucionário do acto dialógico.

---

[58] A. Schopenhauer, *De la quadruple racine du principe de raison suffisante*, Paris, Vrin, trad. par J. Gibelin, 1941.

CONCLUSÃO

Esta dupla distinção, onde a filosofia dos valores se encontra comprometida, não provoca uma revisão do conceito. Como várias vezes salientámos, a noção de valor é polimórfica. No plano do conceito filosófico, emerge sob duas formas: a de ideal transcendental e a de fim, que o tema hegeliano e husserliano de visada articula. Mas esta noção ultrapassa o domínio filosófico. O linguísta, o etnólogo, o sociólogo o psicólogo, investiram este termo de novas significações. É possível distinguir três direcções fundamentais, que precisam e completam o conceito filosófico. Uma, que deriva da psicossociologia, entende por valor as representações imanentes à mentalidade de um determinado grupo, ou ainda as representações construídas pela reflexão, cujo paradigma seria o tipo-ideal weberiano. A outra, corresponde à da etnologia. É valor tudo o que é "norma" cultural: as palavras da língua materna[59], os utensílios técnicos, as regras jurídicas e os bens de consumo. A última direcção, quanto a nós, a que melhor acompanha o motivo filosófico da visada e da finalidade, pertence ao domínio da linguística, ou mais exactamente da filosofia da linguagem: os valores são símbolos, que exprimem metáforas de um modo hiperbólico e produzem efeitos de sentido, classificados atrás como efeitos de significante.

Qualquer que seja a significação atribuída à noção de valor: ideal ou fim, esta supõe sempre uma dupla referência fundamental: à relação e à ordem. É, com efeito, sobre o campo da relação, que o valor se transforma em função. Queremos dizer que ele "joga": anima-se e ganha vida sob a forma de um elo, de um reenvio ou envio. O Outro, lugar da relação, designa a vinda inesperada de um sentido antecedente, um conjunto de possibilidades, por um lado, codificadas, de que outrem é o congregante privilegiado: língua, cultura, "corpo"... Constitui o campo do "sentir com" desta sensibilidade comum aos valores, que tece a intersubjectividade. É, com efeito, o sentimento, que é o princípio da instituição e da mediação dos valores, que o entendamos, com Kant, como o lugar do jogo reflexivo; com Rousseau e Schopenhauer, como expressão da piedade; com M. Scheler, como a simpatia ou a empatia; ou, finalmente, com M. Henry, como a consciência de uma auto-afecção. Se esta primeira referência não está sempre explícita, já não é assim com a segunda, que se cristaliza na ideia de ordem, no duplo sentido do termo. Os valores estão organizados e estruturados em níveis, que se explicam uns pelos outros. Estes são conscientes, mas também complementares, de tal modo que, ao visar um valor particular, visa-se implicitamente a totalidade da ordem, na qual aquele se encontra inscrito.

---

[59] Tal é, segundo Locke, a origem das ideias inatas: estas são, de facto, valores adquiridos na e pela língua materna, da qual o espírito se abstraiu, para as julgar inatas e universais.

A *ordem* dos valores, como a relação intersubjectiva, funda-se na experiência de um "sentir" comum. Parte do lugar do corpo, figura fundamental do Outro. É, com efeito, o corpo, que é o eixo da relação e da ordem. No plano da sensação, em primeiro lugar, este faz a experiência de uma escala de prazeres e de sentimentos, que serviu a certos filósofos, entre os quais os epicuristas e os moralistas empiristas do século XIX, de base e de referência ao estabelecimento de uma aritmética de valores. Ao nível da percepção, constrói simbolicamente o mundo. Ao privilegiar determinada forma, recalcando uma outra, opera uma relação, que exprime um conjunto de necessidades, desejos e de interesses. Por último, no plano do gesto e da palavra, ritualiza, por assim dizer, um conjunto de valores, dos quais o olhar e a escuta são modos de expressão privilegiados. É, pois, o corpo, entendido no triplo sentido do esquema corporal, da imagem narcísica e da palavra do desejo, que abre o espaço de uma comunicação, que se reclama de uma ordem dos valores, representando outros tantos esboços gestuais: abertura e clausura, rebaixamento e superação, força e fraqueza, beleza e fealdade, altura e profundidade... É, em si mesmo, a manifestação em acto de um conjunto de referências, de limites e de funções, ou, para dizer como Husserl, de movimentos interiores ou cinestesias, que estruturam a visada "avaliadora" da consciência intencional.[60]

Como se torna óbvio, a ordem dos valores exprime as exigências do corpo disposto a comunicar. É esta significação, no sentido de imperativo, que funda a significação, no sentido de organização.[61] Mas, como muito justamente mostrou R. Polin[62], a ordem é, de início, entendida como a realização de um processo de equilíbrio, no sentido em que a entende Piaget, antes de designar um processo de transcendência, que a superação *(Aufhebung)* hegeliana melhor exprimiria[63]: "O princípio de transcendência constitui, só por si, um princípio de hierarquia"[64]. Se o que se

---

[60] Poder-se-ia evocar, no mesmo sentido, a tese da exigência axiológica *(requiredness)* de Köhler, situando os valores na experiência das forças de atracção e de repulsão. Mas este esquema fica incompleto, se não for integrado numa reflexão global sobre a noção de ordem.

[61] O conceito filosófico de ordem, diferente do conceito de sistema, que pode ser estritamente lógico, comporta uma conotação axiológica, mesmo se se trata da ordem cartesiana das razões, mas não da ordem plotiniana ou malebranchista.

[62] R. Polin, *La creátion des valeurs*, Paris, PUF, 1944, p. 47.

[63] R. Polin, *op. cit.*, 62.

[64] R. Polin, *op. cit.*, 102.

CONCLUSÃO

pretende, é apreender em toda a sua extenção e compreensão esta noção cardeal, pode-se avançar com a afirmação de que é a consciência, ou, mais exactamente, o corpo, que está no princípio da criação dos valores. Eis- -nos, então, confrontados com uma tripla exigência de "carnação", para falar como E. Levinas, que modula o triplo sentido da ordem dos valores: ordem imperativa, ordem horizontal de equilíbrio, ordem vertical ou hierárquica. Respondendo a estas três exigências, o valor, como se compreende, ultrapassa as actividades "hórmicas", no sentido de Mac Dougall, para se afirmar como transcendência ou, segundo a palavra de R. Ruyer, "epigenético"[65]. Este é, inseparavelmente, inter- e transubjectivo.

A transcendência dos valores não designa um estado situado fora do nosso alcance, mas refere um movimento, no sentido em que Heidegger a entende: o acto de uma abertura e de uma ultrapassagem, que são próprias ao ser-no-mundo. É, no horizonte ontológico do mundo-em-comum, constituído pela transcendência – e do qual o consenso é uma expressão ôntica – que tem lugar o juízo ético. A perversão dos valores foi, muitas vezes, denunciada. Mas esta perversão não é, como se disse, o sinal da perda de sentido da transcendência, entendida no sentido platónico do termo. Ao contrário, é esta noção de transcendência, como Nietzsche o mostrou, que é a causa da perversão e da degradação de valores, transformados em ideais abstractos e ilusórios. Nada é tão perigoso como a evocação dos valores, que se encontra nos discursos de circunstância, nos manifestos pedagógicos, nas cartas ratificadas pelas nações: a Liberdade, a Responsabilidade, a Inteligência, associam-se harmonicamente com a Democracia, a Arte, a Cultura e a Caridade. Sem dúvida, tais abstracções falam a linguagem de uma transcendência axiomática, cuja gramática se torna cúmplice de toda a instituição que, ao ratificar a prioridade da oferta perpétua sobre a procura, mantém o mito de entidades enroupadas de maiúsculas. A inversão dos valores, preconizada por Nietzsche, não acaba nunca. Consiste em inverter a inversão, que cada um de nós opera, ao confundir-se sobre o sentido da transcendência. Não são os valores, que faltam no nosso mundo, mas são os sujeitos, que faltam aos valores.

---

[65] R. Ruyer, *Philosophie de la valeur*, Paris, Colin, 1952, p. 66.

BIBLIOGRAFIA

APPEL, K. O., *L'éthique à l'âge de la science,* Lille, Presses Universitaires, trad. franc., 1987.
BREHIER, E., Doutes sur la philosophie des valeurs, in *Revue de Métaphysique et de Morale,* 1939.
CÉSAR, P., *La valeur,* Paris, PUF, «Initiation philosophique», 1964.
DUPRÉEL, E., *Esquisse d'une philosophie des valeurs*, Paris, F. Alcan, 1939.
DURKHEIM, E., Jugement de valeur et jugement de réalité, in *Revue de Métaphysique,* Julho 1991.
FREUD, S., *Malaise dans la civilisation*, Paris, PUF, trad. franc., 1971.
GLANDSDORFF, M., *Les déterminants de la théorie générale de la valeur...,* Bruxelas, Ed. de l'Institut de Sociologie, 1966.
HEIDEGGER, M., Lettre sur l'Humanisme, in *Questions III,* Paris, Gallimard, trad. franc., 1966.
HABERMAS, J., *Théorie de l'agir communicationnel,* Paris, Fayard, trad. franc., 2 vol., 1987.
HARTMANN, N., *Ethik,* Berlim, 1926.
JONAS, H., *Le principe de responsabilité*, Paris, Desclée, trad. franc., 1990.
KANT, E., *Fondement de la métaphysique des moeurs,* trad. franc., Delbos, Vrin, 1980.
LACAN, J., *Le Transfert. Séminaire Livre VIII,* Paris, Le Seuil, 1991.
LAVELLE, L., *Traité des valeurs*, Paris, PUF, 2 vol., 1951-1955.
— *Morale et religion,* Paris, Aubier-Montaigne, 1960.
LE SENNE, R., *Obstacle et valeur,* Paris, Aubier, 1946.
LEVINAS, E., *Totalité et infini,* La Haye, M. Nighof, 1980 (4.ª ed.).
— *L'humanisme de l'autre homme,* Roy édit., Fata Morgana, 1972.
NABERT, J., *Eléments pour une éthique*, Paris, Aubier, trad. franc., 1943.
NIETZSCHE, F., *La volonté de puissance*, Paris, Gallimard, 2 vol., 1947-1948.
— *Généalogie de la morale*, Paris, Gallimard, trad. franc., 1964.
PLATON, *Gorgias, Philèbe.*
POLIN, R., *La création des valeurs*, Paris, PUF, 1944.
PUCELLE, J., *Etudes sur la valeur*, Paris-Lyon, E. Vitte, 2 vol., 1957-1959.
RESWEBER, J.-P., *Le questionnement éthique,* Paris, Cariscript, 1990.
RUYER, R., *Philosophie des valeurs*, Paris, Colin, 1944.
SCHELER, M., *Le formalisme en éthique et l'éthique matériale des valeurs*, Paris, Gallimard, 1955, 2.ª ed.

ÍNDICE

Nota de Apresentação … 7

Introdução … 9

PARTE I
ANÁLISE DOS VALORES

Capítulo I – REFERÊNCIAS HISTÓRICAS … 13
  I. Uma filosofia em gestação, 13 – II. A viragem da filosofia dos valores, 17

Capítulo II – ESTUDO FENOMENOLÓGICO … 21
  I. As determinações transversais, 21 – II. A experiência fenomenológica, 27 – III. A estrutura do valor, 31

Capítulo III – O SUJEITO DOS VALORES … 37
  I. O horizonte da questão, 37 – II. As figuras do sujeito, 39 – III. O fundamento, 44

PARTE II
PROBLEMÁTICA DOS VALORES

Capítulo IV – A CRÍTICA DOS VALORES … 57
  I. O sujeito fundador, 57 – II. O sujeito descentrado, 62

Capítulo V – AS TEORIAS DO VALOR … 71
  I. A ordem virtuosa, 71 – II. A ordem económica, 73 – III. A ordem personalista, 76 – IV. A ordem existencial, 78 – V. A ordem ontológica, 82 – VI. A ordem comunicacional, 85

Capítulo VI – O JUÍZO ÉTICO … 91
  I. O lugar próprio, 91 – II. O discurso de referência, 94 – III. O espaço, 97 – IV. A questão, 100

Conclusão … 103

Bibliografia … 109